CB050283

Separada de suas raízes,
a madeira descansa durante
anos até ficar madura, pronta
para entregar-se ao artista

*Severed from its roots,
the wood rests for years
until it is mature, ready
to surrender itself to the artist*

Ele corta, entalha, perfura, desenha, passa cola e verniz, em seu paciente e solitário trabalho de criar uma nova forma

He cuts, entails, pierces, draws, applies the glue and the varnish, in his pacient and lonely work of creating a new shape

As peças aguardam a destreza dos 350 anos de tradição que garantirão sua beleza

The pieces await the dexterity of 350 years of tradition that will ensure its beauty

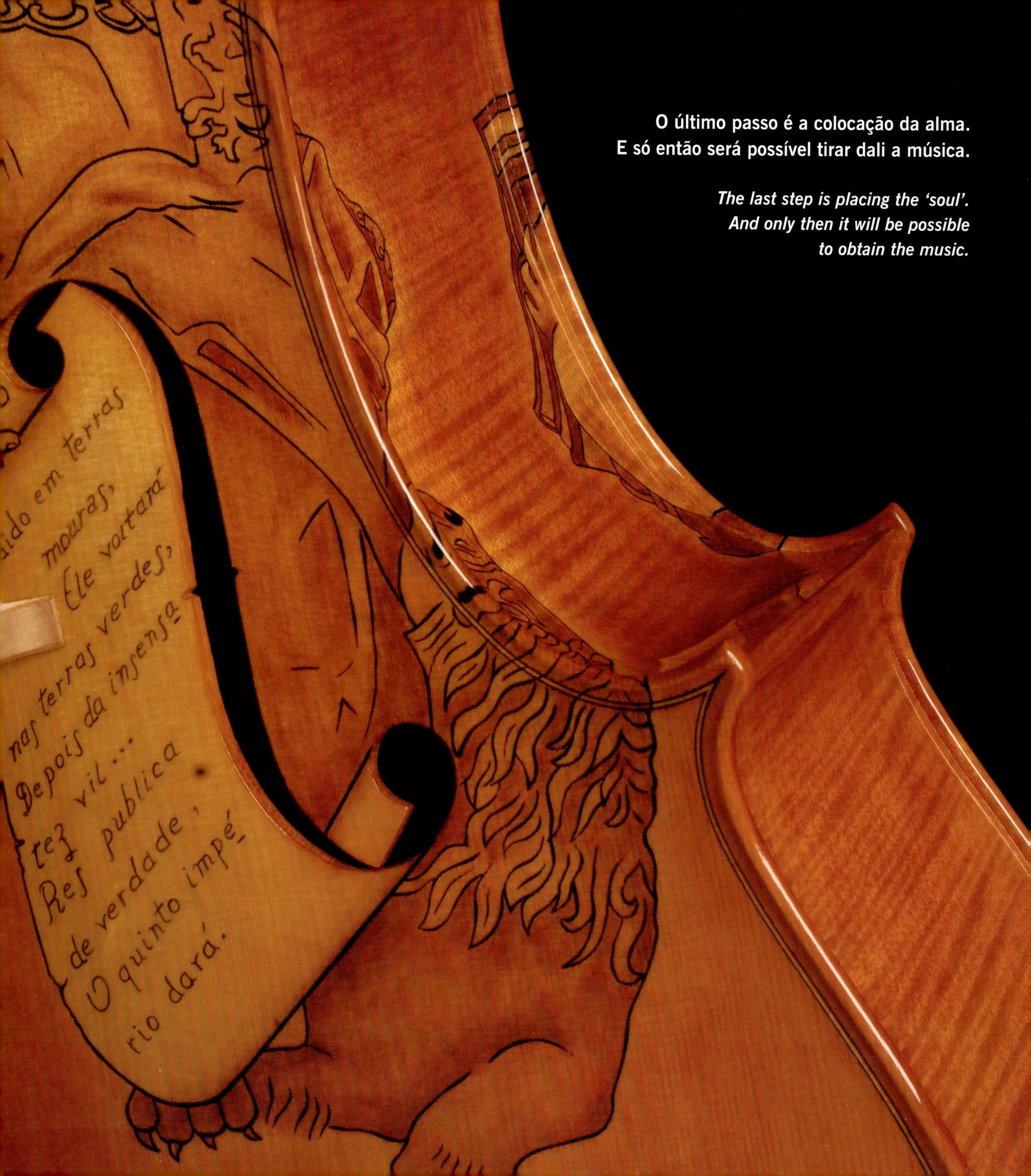

O último passo é a colocação da alma.
E só então será possível tirar dali a música.

The last step is placing the 'soul'.
And only then it will be possible
to obtain the music.

Aleijadinho
The Cello O Violoncelo

Aleijadinho
O Violoncelo

Copyright © 2010 Marcia Glogowski

Todos os direitos reservados. Nenhuma parte deste livro poderá ser reproduzida, de forma alguma, sem a permissão formal por escrito da editora e do autor, exceto as citações incorporadas em artigos de crítica ou resenhas.

1ª edição em junho de 2010 - Impresso no Brasil

Concepção do Projeto Aleijadinho *Project's Conception* Carla Dworecki

Texto *Text* Marcia Glogowski
Fotos *Photos* Niels Andreas
Projeto Gráfico *Graphic Design* Carla Vogelsanger
Produção *Production* Annik Chut
Tradução *Translation* Mitsue Morissawa, John Evans e Ricardo Chut
Revisão *Proof reading* Elisa Elias

Impressão e acabamento *Printing* Ipsis Gráfica e Editora S/A

**Dados Internacionais de Catalogação na Publicação (CIP)
(Câmara Brasileira do Livro, SP, Brasil)**

Glogowski, Marcia
  Aleijadinho, o violoncelo : a luteria de Dantas-Barreto = Aleijadinho, the cello : the lutherie of Dantas-Barreto / Marcia Glogowski ; [tradução/translation Mitsue Morissawa]. -- São Paulo : Alaúde Editorial, 2010.

  Ed. bílingue: português/inglês.

  1. Arte - Brasil 2. Dantas-Barreto, Saulo 3. Fabricantes de instrumentos de cordas - Brasil 4. Instrumentos de cordas - Brasil 5. Música - Brasil - História 6. Música instrumental 7. Músicos - Brasil 8. Violoncelo I. Título. II. Título: Aleijadinho, the cello : the lutherie of Dantas-Barreto.

10-05504   CDD-787.0981

Índices para catálogo sistemático:

1. Brasil : Instrumentos de cordas : Música e arte 787.0981

ISBN 978-85-7881-046-7

Alaúde Editorial Ltda.
Rua Hildebrando Thomaz de Carvalho, 60
CEP 04012-120 – São Paulo – SP – Brasil
Fone: (11) 5572-9474 / 5579-6757
www.alaude.com.br – alaude@alaude.com.br

Marcia Glogowski

Fotos de Niels Andreas
Photos by Niels Andreas

Aleijadinho
The Cello   O Violoncelo

A Luteria de Dantas-Barreto
The lutherie of Dantas-Barreto

São Paulo
2010

EDITORA ALAÚDE

Antonio Meneses

Biografia

Nascido no Recife, em 1957, Antonio Meneses começou a tocar violoncelo aos 10 anos. Estudou com o consagrado violoncelista italiano Antonio Janigro e ganhou prestígio internacional como intérprete brilhante. Toca com as mais importantes orquestras do mundo, como a Filarmônica de Berlim, a Sinfônica de Londres, a Filarmônica de Israel e a Sinfônica de Viena. E já se apresentou em concertos regidos por maestros como Herbert von Karajan, Claudio Abbado, Andre Previn, John Neschling e o também violoncelista Mstislav Rostropovich. Desde 1998, é membro do Beaux-Arts Trio. Seu violoncelo foi construído por volta de 1730 pelo luthier Alessandro Gagliano, em Nápoles, na Itália. Desde 2007 é professor da Hochschule der Künste, em Berna, na Suíça.

Biography

Antonio Meneses was born in 1957, in Recife, and began his cello studies at the age of ten. He was taught by the well-respected Italian cellist Antonio Janigro, gaining worldwide prestige as a brilliant interpreter. Meneses has performed with the world's most important orchestras, such as the Berlin Philharmonic Orchestra, the London Symphony Orchestra, the Israel Philharmonic Orchestra, and the Vienna Symphony Orchestra. He has performed in concerts led by conductors such as Herbert von Karajan, Claudio Abbado, André Previn, John Neschling and the also cellist Mstislav Rostropovich. He has been a member of the Beaux-Arts Trio since 1998. He plays a cello built at around 1730 in Naples, Italy, by the luthier Alessandro Gagliano. Since 2007 he is a professor at the Hochschule der Künste, in Bern, Switzerland.

Apresentação
Prologue

Desde jovem morei e trabalhei fora do Brasil, mas nunca me distanciei emocionalmente do meu país. Sempre que possível, toquei violoncelo para as plateias brasileiras, e elas me acolheram bem todas as vezes.

Em 2007, ao completar 50 anos, justamente quando assumi a cadeira de professor de violoncelo do Conservatório de Berna (Suíça), senti que havia urgência em pôr em prática um antigo e vago plano: contribuir para o desenvolvimento cultural do país. Acredito que essa seja uma ideia comum a muitos brasileiros que deixam sua terra por causa da atividade profissional.

Inicialmente, comecei uma pesquisa sobre compositores brasileiros inéditos, para gravar seu repertório. Foi recompensador. Uma das maiores riquezas de nosso país é mesmo a música.

E foi durante essa fase de brasilidade, se assim posso dizer, que recebi um telefonema de São Paulo. Era Carla Dworecki, responsável pela concepção de um projeto chamado Aleijadinho. Convidou-me para ser padrinho de um violoncelo criado pelo luthier Saulo Dantas-Barreto. Resultado de sua criatividade e ousadia, o instrumento é ornamentado com o tema das obras de Aleijadinho. Pensei: Por qual motivo um luthier do século 21 faria um instrumento com motivos do século 18?

Quando vi o violoncelo, me surpreendi. A ornamentação é instigante, provocativa. Mas o que me interessava era saber se soava bem. Sim, o som é perfeito. Faz jus ao brilhante escultor, homenageado no instrumento.

Para um músico brasileiro, tocar um bom instrumento brasileiro é uma emoção indescritível. Percorre-se um caminho de metalinguagem ao tocar as suítes de Bach para violoncelo em um violoncelo ornamentado com as seis suítes de Bach.

Assim, desde esse momento, considerei uma honra ser padrinho de um projeto cujo objetivo é estimular o conhecimento sobre música e arte.

Antonio Meneses

Since an early age, I have lived and worked away from Brazil, though I've never been emotionally detached from my country. Whenever possible I have played the cello for Brazilian audiences, and I've always been welcomed by them.

Turning 50 years old in 2007, and having just been awarded the chair of Cello Professor at the Bern Conservatory (Switzerland), I felt the urge to put into practice an old and vague plan: to contribute to the cultural development of the country. I believe most Brazilians who leave their homeland for professional reasons have a similar idea.

Initially, I started by researching unpublished Brazilian composers in order to record their repertoires, which was very rewarding. Music is indeed one of our country's greatest assets.

And it was during this 'Brazilian phase', if I may say so, that I received a phone call from São Paulo. It was Carla Dworecki, the conceiver of a project called Aleijadinho; she invited me to be the patron of a cello made by the luthier Saulo Dantas-Barreto. Result of his creativity and boldness, the instrument is adorned with themes from Aleijadinho's works. I wondered: "Why would a 21st century luthier make an instrument with 18th century motifs?".

When I saw the cello, I was surprised. The ornamentation is instigating, provocative. But what interested me was discovering how it sounded. Yes, its sound is perfect. It does justice to the brilliant sculptor, who is honored in the instrument's shape.

For a Brazilian musician, playing a good Brazilian instrument is an indescribable thrill. One explores a metalanguage path when playing Bach's Suite for Cello on a cello decorated with Bach's six suites.

From that moment on, I've considered it an honor to be the patron of a project whose objective is encouraging musical and artistic knowledge.

Antonio Meneses

Júlio Medaglia

Biografia

Compositor, regente e arranjador, Júlio Medaglia é um dos mais conceituados músicos brasileiros. Nascido em São Paulo em 1938, formou-se em regência na Escola Superior de Música de Freiburg, na Alemanha, em 1965.

Esteve à frente de importantes movimentos artísticos de vanguarda. Em 1963, com outros sete músicos de destaque na cena brasileira, como Rogério Duprat, assinou o manifesto Música Nova, pelo "compromisso total com o mundo contemporâneo". Escreveu vários livros, dos quais o mais conhecido é Música Impopular.

Foi regente titular da Sinfônica Municipal de São Paulo e diretor do Teatro Municipal do Rio de Janeiro e de Brasília. Em 1997, criou a Amazonas Filarmônica, em Manaus.

Desde 1987, tem um programa diário na Rádio Cultura FM, chamado Tema & Variações e, mensalmente, o programa Prelúdio, na TV Cultura. Em 2008, assumiu a função de principal regente convidado da Ópera Nacional da Bulgária.

Biography

Composer, conductor and arranger, Júlio Medaglia is one of the most prominent Brazilian musicians. Born in 1938, in São Paulo, he graduated as a conductor at Germany's noted Freiburg Music Conservatory, in 1965.

Medaglia was at the vanguard of influential artistic movements. In 1963, along with seven other acclaimed musicians on the Brazilian scene, such as Rogério Duprat, he signed the manifesto Música Nova (New Music Manifesto) as an "absolute commitment to a contemporary world". He wrote several books, of which the best known is "Música Impopular" (Unpopular Music).

He was official conductor of the Symphonic of the Municipal Theatre of São Paulo and director of the Municipal Theatres of Rio de Janeiro and Brasília. In 1997, he founded the Amazon State Philharmonic, in Manaus.

Medaglia has been hosting the daily radio show 'Tema & Variações' (Theme and Variations) since 1987, at Rádio Cultura FM, and the monthly TV show Prelúdio (Prelude), for the TV Cultura channel. In 2008, he took up the role of Principal Guest Conductor at the Bulgarian National Opera.

Prefácio
Preface

Música é emoção. Intérpretes e público deixam-se levar por ela ao ouvir boas composições. Poucas pessoas, porém, prestam atenção aos instrumentos. Não se dão conta de quanta tecnologia existe por trás dos pedaços de madeira, metal, couro e corda com os quais se fazem os instrumentos que dão vida à música.

Os instrumentos musicais têm séculos de história e chegaram a formatos, digamos, definitivos. Ou seja, não dá para aprimorá-los mais, sob pena de criar um novo instrumento. O luthier brasileiro Dantas-Barreto, entretanto, resolveu alterar essa história. Mudou a aparência de um violoncelo ao ornamentar todo o instrumento. Sofisticou a técnica com várias inovações, entre as quais a modificação de uma importante peça, chamada barra harmônica. Muitos poderiam considerar isso uma heresia, mas todos sabem que inovações com qualidade são sempre bem-vindas. Conheci o violoncelo da nova geração logo que ele ficou pronto. O Aleijadinho, além de inovador em sua aparência, é também um ótimo instrumento – tanto é que ganhou um padrinho muito especial, o violoncelista Antonio Meneses, músico brasileiro de prestígio mundial. O Aleijadinho está destinado a ser um instrumento olímpico, tocado por músicos de todas as nacionalidades, em ocasiões especiais.

Para contribuir com isso, elaborei um arranjo especial para violoncelo e viola que remete à época de Aleijadinho – uma composição de Marcos Coelho Neto e Maria Mater Gratie –, para ser interpretado por Raïff Dantas-Barreto e Perez Dworecki.

Quero ver esse violoncelo correr o mundo. Nesta era de modernidade, em que a internet une todas as pessoas em todos os cantos do planeta, é fácil disseminar o gosto pelas artes. Com a versatilidade da web, uma interpretação no Aleijadinho pode rapidamente ser vista e ouvida por milhões de pessoas. Uma vez eu disse que a música clássica perde espaço no mundo; no Brasil, ao contrário, avança, mas à margem dos meios de comunicação. Agora, com este livro, o leitor poderá acompanhar o trabalho do luthier Saulo Dantas-Barreto e inteirar-se um pouco mais sobre a arte da luteria.

Júlio Medaglia

Music is emotion. A good composition can lift those who interpret it and their audience to new heights. Little attention is paid by people to instruments. Most are unaware of the technology that lies behind the pieces of wood, metal, leather and string necessary to fashion instruments that will later be brought to life through music.

These centuries-old instruments have reached, shall we say, their ultimate form. That's to say they cannot be further improved without becoming a different instrument. The Brazilian luthier Dantas-Barreto, however, decided to challenge this rationale, changing the looks of a cello by decorating the whole instrument, sophisticating its technique with several innovations, including changes on an important piece called the bass bar. This may be considered a heresy by many, but everyone welcomes quality innovations. I eventually got to know this new-generation cello soon after it was finished. Besides having innovative looks, Aleijadinho is also a great instrument – for this reason it was blessed with a very special patron: the cellist Antonio Meneses, a world-renowned Brazilian musician. Aleijadinho is destined to become an instrument of Olympic proportions, played by musicians of all nationalities on special occasions.

My contribution to this was the development of a special arrangement for cello and viola recalling the times in which the sculptor Aleijadinho lived – a composition by Marcos Coelho Neto and Maria Mater Gratie – to be interpreted by Raïff Dantas Barreto and Perez Dworecki.

My wish is to see this cello travelling to the four corners of the globe. In these modern times, when the Internet connects people in every nook and cranny on the planet, it is easy to spread the word on behalf of the arts. The versatility of the web allows millions of people to watch and listen to an interpretation using the Aleijadinho. I once said that classical music is losing ground across the world, though, in Brazil, on the contrary, the reverse is true, albeit on the margins of the mass media. Now, with this book, readers will be able to follow the work of luthier Saulo Dantas-Barreto, and learn a little more about the luthier's art in Brazil.

Júlio Medaglia

15
A luteria no Brasil

Lutherie in Brazil

19
Capítulo 1
O trabalho de Dantas-Barreto

Chapter 1
The work of Dantas-Barreto

33
Capítulo 2
Nasce o Aleijadinho

Chapter 2
Aleijadinho is born

41
Capítulo 3
Passo a passo

Chapter 3
Step by step

65
Capítulo 4
Uma nova forma de arte

Chapter 4
A new form of art

81
Capítulo 5
Uma rápida história do violoncelo

Chapter 5
A brief history of the cello

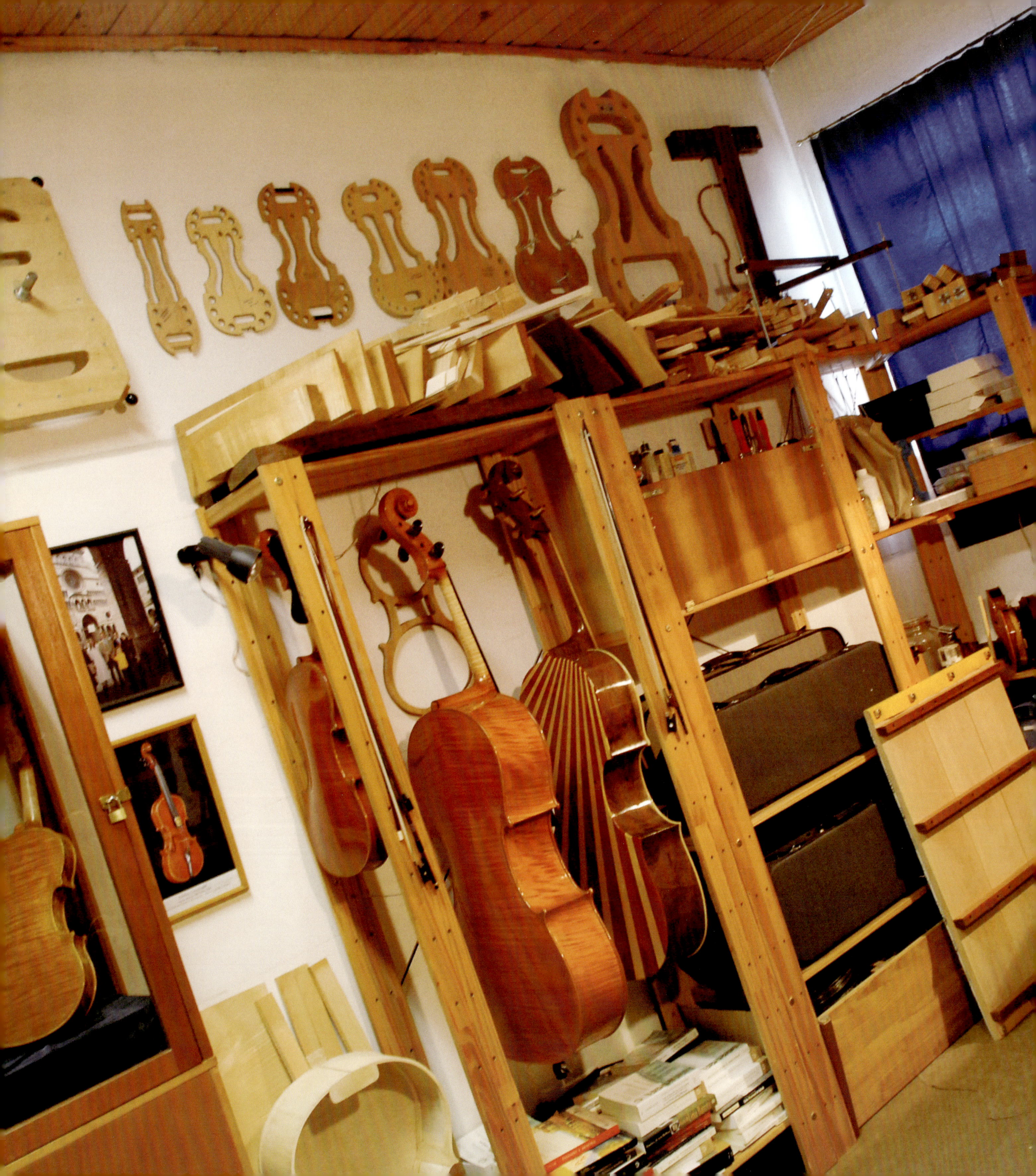

A luteria no Brasil
Lutherie in Brazil

O *Dicionário Houaiss da língua portuguesa* traz, em sua primeira edição, as palavras "luthier" e "luteria" (que também aparece como "lutherie" e "luteraria"). Outros dicionários registram apenas "luteria" e nem citam o nome pelo qual se identifica o artista-artesão que constrói instrumentos de corda com caixa de ressonância. Em textos sobre a profissão, aparecem ainda as formas "liutaio", "luteiro", "lutiê" e "liuteria", ou "luthieria". De qualquer modo, os termos se originaram da palavra "alaúde": "luth" em francês e "liuto" em italiano.

Criado na Idade Média, o alaúde foi o primeiro instrumento de cordas e caixa de ressonância da Europa e inspirou o nome dos profissionais que apareceram inicialmente na Itália, onde também surgiram as primeiras escolas, especialmente as de Cremona, Brescia e Nápoles. A arte se espalhou para outros países europeus, e durante a Renascença já havia escolas na Alemanha, nos Países Baixos e na Inglaterra.

Se a ausência da palavra em diversos dicionários de português reflete a realidade, então não restam dúvidas: praticamente não há registros da arte da luteria no Brasil. Por isso o luthier brasileiro Saulo Dantas-Barreto ficou muito satisfeito quando encontrou referências sobre o tema nos anúncios classificados de uma reprodução do *Almanak administrativo, mercantil e industrial Laemmert*, publicado em 1846, no Rio de Janeiro:

Violeiros
Antonio Machado Lourenço, rua de S. Pedro, 91
José Alves de Carvalho, rua de S. Joaquim, 50
Manoel de Mattos Guimarães, rua de S. Pedro, 132
Pedro Jozé Gomes Braga, rua de S. Pedro, 116

Aparentemente, é o primeiro registro da atividade no Brasil. O termo "violeiro" era usado antigamente para "luthier". Mais tarde, ele comprou um violino em São Paulo e a etiqueta do artesão dizia:

rua de S. Pedro nº 116
Pedro Jozé Gomes Braga
com depozito de instrumentos e muzica de Buffet Crampon
Rio de Janeiro

In its first edition, the Houaiss Portuguese dictionary carries the words "luthier" and "luteria" (which also appear as "lutherie" and "luteraria"). Other dictionaries record only "luteria", not mentioning the name identifying the artist-craftsman who makes stringed instruments with a resonance box. In texts on the profession, forms such as "liutaio", "luteiro", "lutiê" and "liuteria" or "luthieria" appear. In any case, the terms originated from the word "lute", "luth" in French and "liuto" in Italian.

Created in the Middle Ages, the lute was the first stringed instrument with a resonance box in Europe, inspiring the name of the professional instrument makers who first appeared in Italy, where the first schools opened, especially those of Cremona, Brescia and Naples. The art spread to other European countries, and during the Renaissance, schools in Germany, the Low Countries and England also sprung up.

If the absence of the word in several Portuguese dictionaries reflects reality, then there is no doubt: there are virtually no records of the luthier's art in Brazil. Therefore the Brazilian luthier Dantas-Barreto was very pleased when he found references on the subject in the classified ads of a reproduction of the Laemmert Mercantile and Industrial Almanac, published in 1846 in Rio de Janeiro:

Viola Makers
Antonio Machado Lourenço, rua de S. Pedro, 91
José Alves de Carvalho, rua de S. Joaquim, 50
Manoel de Mattos Guimarães, rua de S. Pedro, 132
Pedro Jozé Gomes Braga, rua de S. Pedro, 116

It is apparently the first record of activity in Brazil. The term "viola maker" was formerly used for "luthier". Later on, he bought a violin in São Paulo with the craftsman's label which read:

rua de S. Pedro nº 116
Pedro Jozé Gomes Braga
The Buffet Crampon instrument and music
warehouse of Rio de Janeiro

Gomes Braga morreu em 1864. Foi o mais antigo luthier de que se teve notícia no Brasil. De lá para cá, essa arte quase desconhecida no país vem sendo praticada por alguns artistas, que fazem questão de manter viva a tradição. Um grande número constrói violas, violinos e violoncelos, como Dantas-Barreto. Outros são especializados em contrabaixos, e muitos – muitos mesmo – fazem violões. Sem contar os que se dedicam à construção de guitarras. Reunir esses luthiers ou organizar sua atividade é difícil. A Associação Brasileira de Luteria, já presidida por Dantas-Barreto, não conseguiu superar as dificuldades e catalogar a atividade. Nem mesmo o registro profissional existe. Para o Ministério do Trabalho, eles são artesãos.

A formação desses luthiers é variada. Boa parte é autodidata, uns tantos estudaram no exterior, e há ainda, quem diria, aqueles que estudaram nas poucas escolas de qualidade do país, entre as quais se destacam o Conservatório de Tatuí (no Estado de São Paulo), a Oficina Escola de Lutheria da Amazônia (no Amazonas) e a Escola de Liuteria Trabalharte (no Espírito Santo).

Entre os novos luthiers e os grandes mestres, entre os instrumentos fabricados em série e os artesanais, o que é melhor? Apesar de toda a fama dos mestres, é preciso saber que seus instrumentos passaram por alterações. Por volta de 1850, praticamente todos os instrumentos de autoria de Antonio Stradivari tinham sido modificados – uma heresia, segundo Dantas-Barreto. Por causa das modificações, o som dos Stradivarius que sobreviveram não é o original. Mesmo assim, o violino Cremonese, de 1715, foi avaliado em US$ 2 milhões no ano de 2010.

Por que alterar um Stradivarius em vez de encomendar um instrumento novo? No século 19, a arte da luteria estava decadente. Predominava a ideia de que, para ter qualidade, era necessário usar um instrumento antigo e modificá-lo. Por outro lado, as necessidades de modificação eram reais. A música no século 19 exigia violinos resistentes. O braço cresceu – ele tem de ter 13 centímetros – e sua inclinação aumentou. Assim, foi preciso aumentar a barra harmônica. Inventou-se a queixeira.

Houve modificações em vários instrumentos por causa das peças sinfônicas. A partir do século 19, porém, nada mais foi modificado no violino nem nos outros ins-

---

Antonio Stradivari (1644-1737)

Usava a forma latina Stradivarius e ganhou reconhecimento por causa do som de seus violinos, violas e violoncelos. Muito se especulou sobre os segredos desse som: a origem ou o tratamento da madeira que usava. O mais famoso, Messias, de 1716, está no Museu de Oxford. Os instrumentos que sobreviveram estão todos modificados.

Made use of the Latin word-form Stradivarius. His mastery was recognized on the sound of his violins, violas and cellos. Much has been said about the secrets of this sound: it could result from the origin of the wood he used or the treatment he gave to it. His most famous instrument, The Messiah, from 1716, is in the Oxford Museum. The surviving instruments have all been modified.

Gomes Braga, the oldest reported luthier in Brazil died in 1864. Since then, the little-known profession in the country has been practiced by some artists who are keen to keep the tradition alive. A great number of them make violins, violas and cellos like Dantas-Barreto. Others specialize in basses, and many, a lot of them, make acoustic guitars. Not counting those who dedicate themselves to the construction of electric guitars. Gathering these luthiers or organizing their activities is difficult. The Brazilian Luthiers Association, once headed by Dantas-Barreto, has so far been unable to overcome these difficulties. Professional industry records don't even exist. Brazil's Labor Ministry classifies luthiers as artisans.

Luthiers' professional training varies. Much of it is self-taught, some have studied abroad, and there are those who have studied at the few quality schools in the country: Tatuí Conservatory (São Paulo state), the Luthier Workshop School of the Amazon and the School of Liuto Trabalharte (Espírito Santo).

Among the new luthiers and the great masters, among mass produced instruments and those made by craftsman, what is the best? Despite all the fame of masters, one must know that their instruments have undergone changes. By 1850, virtually all the instruments by Antonio Stradivari had been changed – a heresy, according Dantas-Barreto. Because of the changes, the sound of Stradivarius that survived is not the original. Still, the 1715 Cremonese violin was valued at US$ 2 million in 2010.

Why change a Stradivarius instead ordering a new instrument? By the 19th century, the luthier's art was declining. The prevalent idea was that to have quality, it was necessary to take an ancient instrument and modify it. On the other hand, the need for change was real. Music in the 19th century required resistant violins. The arm grew to 13 cm – and its inclination increased. Thus it was necessary to increase the bass bar, while the chin rest was also invented.

Symphonic pieces brought changes to a number of instruments. Nevertheless, since the 19th century nothing relating to violins or other stringed instruments has changed. The argument was that the instruments have reached

trumentos de cordas. O argumento é o de que se tinha atingido a forma ideal. Na visão de Dantas-Barreto, isso levou a uma falta de criatividade na luteria, que ainda se mantém. Mas ele está seguro de que, com qualidade, dá para modificar coisas, especialmente no que diz respeito à estrutura interna. Mal comparando, é possível pensar na guitarra elétrica, um instrumento muito mais novo do que o violino, mas que já passou por grandes variações em seu formato, com uma evolução estética infindável. É que a forma, na guitarra, não altera seu som. No outro extremo, há quem use a linha de montagem para fabricar instrumentos de cordas.

Dantas-Barreto não é contra a tecnologia, mas tem certeza de que os melhores instrumentos ainda são os artesanais, feitos por artistas. Que serão avaliados por artistas.

its ideal shape. In Dantas-Barreto's view, this led to a lack of creativity in the luthier's art, which still stands. But he is confident that, based on quality, things can change, especially with regard to internal structure. Making a poor comparison, one can think of the electric guitar, a much more youthful instrument than the violin, that has gone through great changes in its format with an endless aesthetic evolution, since its shape does not alter its sound. On the other hand, there are those who use the assembly line for making stringed instruments.

Dantas-Barreto is not against technology, but he is certain that the best instruments are still handmade, developed by artists, and that will be evaluated by artists.

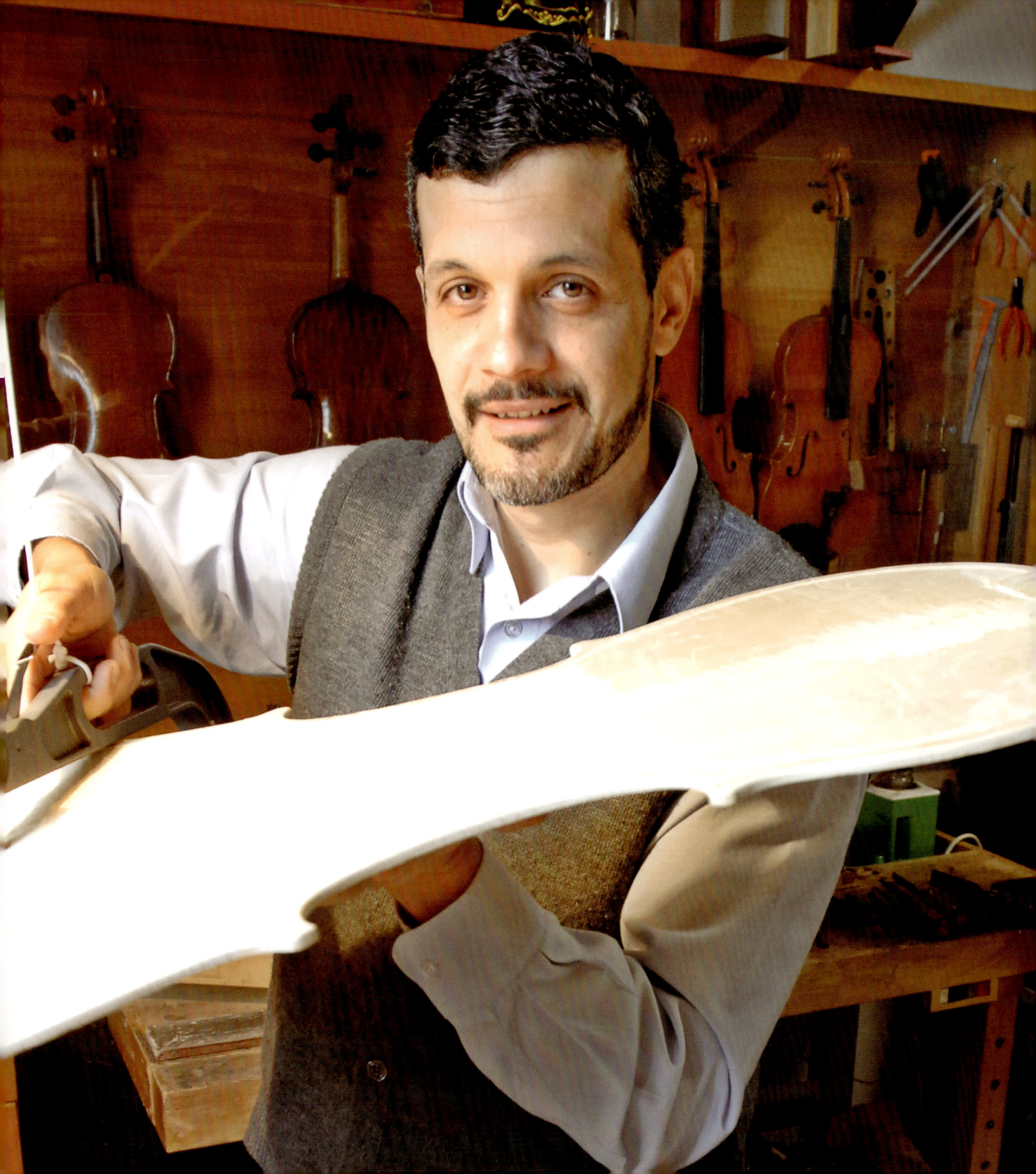

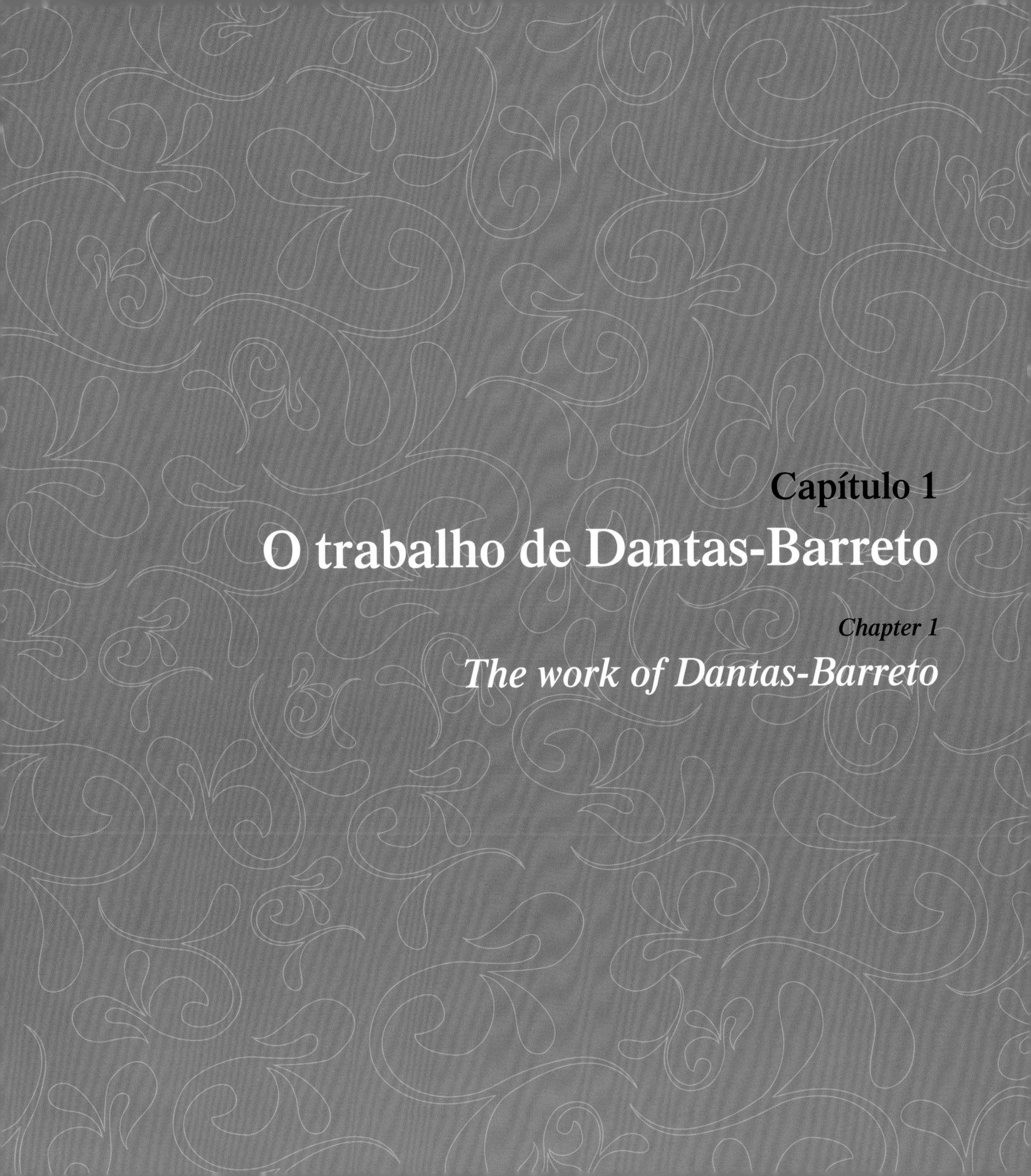

Capítulo 1
O trabalho de Dantas-Barreto

Chapter 1
The work of Dantas-Barreto

Saulo Dantas-Barreto vem de uma família radicada desde 1557 em Pernambuco. Nasceu no Recife e morou em várias outras cidades do Norte e do Nordeste (Belém, Fortaleza, Recife, Aracaju, João Pessoa, Campina Grande e Maceió). Seu pai era representante de um laboratório de medicamentos, e o trabalho o obrigava a se mudar constantemente.

Para onde a família ia, levava a música. A mãe, quando jovem, estudara piano. O pai adorava ouvir os clássicos. Logo, música e estudos viraram um refúgio seguro para o garoto tímido que se fechava mais e mais com as mudanças de escola. Um dos seus irmãos, Raïff, é violoncelista (há mais um irmão e uma irmã). E a arte é mesmo uma marca da família. Ao se aposentar, o pai virou professor de desenho.

Adolescente, Dantas-Barreto decidiu estudar música. Formou-se como violinista na conceituada Universidade Federal da Paraíba. Para criar o curso, o governo do estado pediu ajuda ao violoncelista e maestro Aldo Parisot. Durante o curso, o jovem descobriu a verdadeira vocação, no Espaço Cultural da cidade, onde havia um ateliê de luteria, no qual iniciou o aprendizado do ofício.

Se ia estudar luteria, teria de ser na melhor escola, pois nada para Dantas-Barreto pode ser de segunda linha. No Brasil, a escolha seria o Conservatório de Tatuí, reconhecido por sua excelência. Mas ele queria Cremona, a mais renomada escola do mundo. Criada em 1936 e mantida pelo governo italiano, ela fica na cidade que deu ao mundo luthiers como Antonio Stradivari, Nicolò Amati (1596-1684) e Andrea Guarneri (1626-1698).

Recém-formado como violinista, Dantas-Barreto foi aceito em Cremona após mandar currículo e fazer teste de habilidade manual. Em 1988 começou o curso, em que metade das vagas é, normalmente, reservada a estrangeiros.

Aldo Parisot (1920)

Nasceu em Natal e se mudou para o Rio de Janeiro, onde dava aulas. Nos anos 50, mudou-se mais uma vez: para os Estados Unidos, onde durante muitos anos deu aulas na Universidade de Yale. Casou-se e teve filhos no país. Tem cidadania americana.

Aldo Parisot was born in Natal and moved to Rio de Janeiro, where he used to teach. In the 1950's he moved again, to the United States, where he lectured for many years at Yale University. Parisot took US citizenship, having married and raised a family there.

Saulo Dantas-Barreto comes from a family rooted since 1557 in the Brazilian state of Pernambuco. He was born in Recife and lived in many other Northern and Northeastern cities (Belém, Fortaleza, Recife, Aracaju, João Pessoa, Campina Grande, and Maceió). His father represented a pharmaceutical laboratory, job which required him to constantly move to new cities.

Wherever they went, the family brought music along. The mother used to be a piano apprentice. The father loved classical music. Therefore, music and learning were a safe heaven for the shy boy, who became even more introvert with the frequent change of schools. Art is definitely part of the family. One of the siblings – out of three boys and a girl – Raïff, is a cellist. And upon his retirement, the father started teaching drawing lessons.

As a teenager, Dantas-Barreto decided to study music. He graduated as a violinist at the renowned Federal University of Paraíba. The course was created with the help – requested by the State Government – of the cellist and conductor Aldo Parisot. During the course, the young man discovered his real vocation at the Espaço Cultural (Cultural Space) of the city, which had a lutherie atelier where he began learning the profession.

If he was going to learn lutherie, it would have to be at the best school – Dantas-Barreto has always required the best quality for everything. In Brazil, the natural choice was the Tatuí Conservatoire, of recognized excellence. But he wanted Cremona, the most celebrated in the world. Created in 1936, and financed by the Italian Government, its location is in the city of birth of Antonio Stradivari, Nicolò Amati (1596-1684) and Andrea Guarneri (1626-1698).

Having recently graduated as a violinist, he was accepted in Cremona, after sending a résumé and performing an ability test. In 1988 he began to take the course, in which half of the vacancies are set aside to foreign students.

Foi uma reviravolta em sua vida. Descobriu uma nova realidade em um velho país. Em três meses, aprendeu italiano para perceber que, na cidade, se falava o dialeto cremonês. Bem, na universidade se falava italiano. Formou-se então no Instituto Internacional de Luteria A. Stradivari, de Cremona, em 1992. Estudou com Giorgio Cè (luteria) e Piero Ferraroni (escultura).

Já planejava começar a carreira com um diferencial: um quarteto de cordas para a rainha da Espanha, que fez com o colega espanhol Andreu Fiol. Por que um quarteto? "Porque é o mais difícil", explica Dantas-Barreto. Da mesma madeira, ou seja, do mesmo tronco, se constroem os dois violinos, a viola e o violoncelo. E todos esses instrumentos são feitos ao mesmo tempo, para que tenham uma unidade de som. Na verdade, é uma obra dividida em quatro partes.

Escolheram o caminho mais difícil para demonstrar que dominavam a técnica. Escolheram a rainha Sofia da Espanha,

It turned his life upside down. A new reality in an old country unveiled itself. In three months he had learned enough Italian to be able to realize that the city had its own dialect – cremonese, although they spoke Italian at the University. Finally, in 1992, He graduated at the International Institute of Lutherie A. Stradivari, of Cremona. He had learned from Giorgio Cè (lutherie) and Piero Ferraroni (sculpture).

He already planned a special start to his career: a string quartet made for the Queen of Spain, with his Spanish friend Andreu Fiol. Why a quartet? "Because it is more difficult," explains Dantas-Barreto. Out of the same trunk of wood one builds the two violins, the viola and the cello. And all of these instruments have to be made simultaneously, in order to unify the sound. It is actually a work of art split into four pieces.

They picked up the hardest choice to demonstrate that they had mastered the technique. And the instruments would be made for Queen Sofia because, at that time, she was considered

por que ela era considerada embaixadora europeia da cultura e adora violoncelo. Interrompia sua agenda para ver Rostropovich.

Fizeram os instrumentos já com o brasão da casa real, sem saber se seriam aceitos. Primeiro tentaram contato por meio de um político das ilhas Baleares, onde moravam. Mas esse emissário explicou mal a ideia.

No palácio, entenderam que era um quarteto de músicos, e acabou não dando certo.

Dantas-Barreto teve então a ideia de falar com dom Pedro Gastão de Orleans e Bragança, bisneto do imperador dom Pedro II. Dessa vez funcionou. Sua Alteza, como o presidente do patrimônio nacional espanhol se referiu a dom Pedro Gastão, explicou exatamente como era o projeto. A rainha Sofia, mulher do rei Juan Carlos, adorou a ideia. Hoje, o Quarteto da Rainha faz parte do patrimônio nacional da Espanha e do acervo do Palácio Real de Madri – está ao lado de um quarteto feito por Stradivari.

Levar os instrumentos foi emocionante, relembra Dantas-Barreto. Chegaram em um furgão, com uma caixa especial, e funcionários do palácio lhes entregaram um recibo. Euforia. Era irreversível.

Depois, com pompa e cerimônia, houve o evento com a presença de Luis Felipe Seixas Correa, na época embaixador do Brasil. Isso foi em 1996, quando Dantas-Barreto tinha 32 anos. Ele sabia que precisava aproveitar ao máximo o período europeu. Que, para construir sua reputação, seria importante deixar instrumentos em lugares estratégicos. Assim fez.

Brasília, February 18, 1998

Saulo Dantas-Barreto
Avenida Paulista, 648 – apto 804 – Entrada 9
01310-100 São Paulo – SP

Dear Sir,

I thank you for your kind letter, which I have read with great pleasure. I wish to express my most sincere congratulations for the international recognition accomplished through your work of making of musical instruments. The presentation of your string quartet at the Royal Palace of Madrid was, undoubtedly, an eloquent demonstration of the quality of your work.
I am certain that your dedication and the dignity you have displayed in the luthier's demanding and delicate field of work will always bring you new reasons for professional gratification.
Please accept my regards and my sincere wishes of continued success and personal happiness.

Yours sincerely,

Fernando Henrique Cardoso
President of the Federal Republic of Brazil

---

the European Ambassador of Culture, and she loved the cello. She would interrupt her scheduled duties to watch Rostropovich play.

They did not know if the instruments would be accepted, but still they built them, already with the insignia of the Royal house. A first contact was attempted through a politician from the Baleares Islands, where they lived. But this envoy did not deliver the message properly.

At the palace, they thought it was a quartet of musicians, and so the strategy failed.

Dantas-Barreto then had the idea of speaking to d. Pedro Gastão de Orleans e Bragança, great-grandson of the Brazilian Emperor d. Pedro II. This time, it worked. His highness, as the president of the Spanish cultural patrimony referred to d. Pedro Gastão, explained the project perfectly. Queen Sofia, married to the King Juan Carlos, loved the idea. Today, the Quartet of the Queen is part of the national patrimony of Spain, and one of the assets of the Royal Palace of Madrid – where it is kept side by side with a quartet built by Stradivari.

The delivery of the instruments was a thrilling moment, recalls Dantas-Barreto. They arrived in a van with a special box, and employees from the palace gave them a receipt. Euphoria. It was irreversible.

After rewards, with pomp and ceremony, there was an event with the presence of Luis Felipe Seixas Correa, then Brazil's ambassador. This was in 1996, when Dantas-Barreto was 32 years-old. He knew that he had to thoroughly explore the European period. He knew that, in order to build his reputation, it would be important to place his instruments on strategic spots. And so he did.

O primeiro trabalho foi esse Quarteto da Rainha. Quatro anos depois, fez sozinho o Quarteto Rio Branco, para as comemorações dos 500 anos do Descobrimento do Brasil, que coincidiram com a Trienal de Luteria de Cremona. Todas as pessoas importantes da área estavam na cidade, entre elas a marquesa Ana Cavalcabò, da família mais representativa de Cremona.

O príncipe dom Pedro Gastão presenteou a marquesa com um violino Dantas-Barreto – exposto em uma redoma de vidro. Com apoio da marquesa, organizou uma exposição de instrumentos brasileiros e um sarau, para o qual convidou os príncipes brasileiros que estavam na Europa. "Desde o século 18 nenhuma alteza imperial punha os pés em Cremona", foi a manchete de um dos jornais da cidade. Jornais brasileiros também deram a notícia, e um deles entrevistou Dantas-Barreto, na época presidente da Associação Brasileira de Luteria.

Por duas vezes, ele recebeu cartas elogiosas do então presidente da República, Fernando Henrique Cardoso. Era um grande estímulo para prosseguir seu trabalho com determinação.

Além desse violino, Dantas-Barreto fez na época a reprodução de uma harpa diatônica de Stradivari que está em Nápoles. Não é uma cópia, já que ele usou verniz claro e a original, de 1681, é escura. A Harpa Stradivariana, do luthier brasileiro, está no Instituto de Luteria e é propriedade do Estado italiano.

Dantas-Barreto deixou dois instrumentos importantes em Cremona. Em compensação, tirou da cidade a jovem Roberta Moroni.

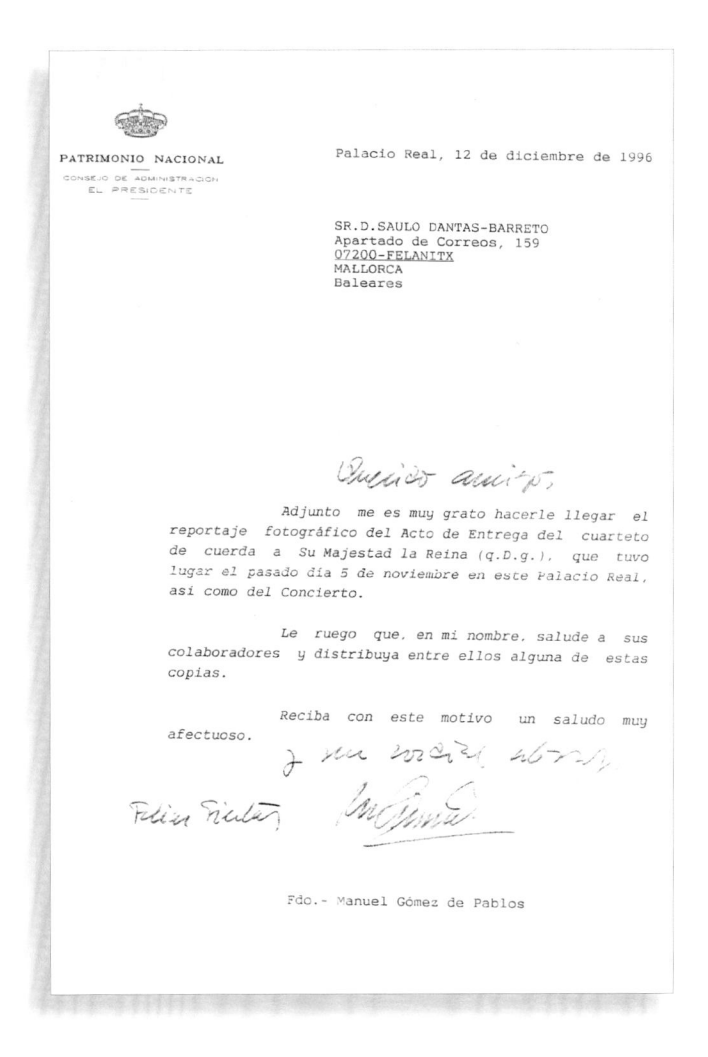

Palácio Real, 12 de dezembro de 1996.

Sr. Saulo Dantas-Barreto
Apartado de Correos, 159
07200 – Felanitx
Mallorca - Baleares

Querido amigo,
Com grande prazer envio-lhe anexa a reportagem fotográfica do Ato de Entrega do quarteto de cordas a Sua Majestade a Rainha, que teve lugar no dia 5 de novembro passado neste Palácio Real, assim como a do Concerto.
Solicito-lhe que, em meu nome, saúde seus colaboradores e distribua entre eles algumas dessas cópias.
Receba a esse propósito uma saudação muito afetuosa.

Manuel Gómez de Pablos

Dear friend,
It is a great pleasure to send you as an attachment a photographic report of the delivery of the string quartet to Her Majesty the Queen, as well as of the concert, on the November 5 last at this Royal Palace.
Please pass on my greetings to your collaborators, in addition to copies of the photographs.
Please accept my very sincere greetings.

Manuel Gómez de Pablos

His first work was the Quartet of the Queen. Four years later he built the Rio Branco Quartet for Brazil's 500 years anniversary of discovery, a date which coincided with the Triennial of Lutherie in Cremona. All important people of the musical field were in town, and among them, there was the marchioness Ana Cavalcabò, from the most representative family of Cremona.

The prince d. Pedro Gastão presented the marchioness with a Dantas-Barreto violin – exhibited on a round glass. With the marchioness' support, he organized an exhibit of Brazilian instruments and a presentation for which he invited the royal Brazilian princes, who were in Europe at the time. "This is the first time, since the 18th century, that an imperial highness sets foot on Cremona", shouted a headline of one of the town's newspapers. Brazilian newspapers also published the news, and one of them interviewed Dantas-Barreto, then president of the Brazilian Association of Lutherie.

Twice he received letters of appraisal from Fernando Henrique Cardoso, the Brazilian President at that time. It was a great motivation to keep on doing his work with determination.

Dantas-Barreto built, beside this violin, the reproduction of a diatonic harp by Stradivari which is in Naples. It is not a copy, since he used a brighter varnish as opposed to the original, that is dark. (from 1681). The Stradivarian Harp made by the Brazilian luthier is at the Lutherie Institute, and it belongs to the Italian State.

Dantas-Barreto left in Cremona two important instruments, but in compensation he took with him the young lady Roberta Moroni.

Parma, 5-7-97

Na qualidade de primeiro violino, e em nome do Novo Quarteto Italiano, desejo expressar a nossa gratidão ao notabilíssimo luthier Saulo Dantas--Barreto por ter-nos dado a honra de tocar os maravilhosos instrumentos construídos e ofertados à Casa Real de Espanha. O concerto apresentado na presença de Sua Majestade, a rainha Sofia, no Palácio Real de Madri, permitiu-nos participar de um verdadeiro "acontecimento" da história da luteria e da música.

Alessandro Simoncini

Parma, July 5, 1997

In the role of first violin and in the name of the New Italian Quartet, I hereby express my gratitude to the remarkable luthier Saulo Dantas-Barreto for his outstanding work on the wonderful instruments he made and formally presented to the Royal House of Spain. The concert carried out in the presence of Her Majesty, Queen Sofia, at the Royal Palace of Madrid, made it possible for us to attend one of those genuine events that make their mark on the history of music and the luthier's art.

Alessandro Simoncini

Brasília, February 1, 2001

Saulo Dantas-Barreto
Avenida Paulista, 648 – apto 804 – Entrada 9
01310-100 São Paulo – SP

Dear Sir,

Thank you for your letter and for sending pictures of the Cavalcabò Violin.

Your successful contribution to celebrations of Brazil's 500th anniversary and your valued efforts to promote the luthier's art in Brazil are most welcome.

Such efforts certainly merit my praise and support as you continue on your chosen career path.

Yours cordially,

Fernando Henrique Cardoso
President of the Federative Republic of Brazil

Luiz Felipe de Seixas Corrêa
Secretário-Geral das Relações Exteriores

Brasília, 09 de novembro de 2000.

Caro Saulo,

    Muito obrigado pela gentileza de enviar-me o programa do concerto "Brasil 500", com o qual o "Nuovo Quartetto Italiano", encerrou as comemorações dos 500 anos de descobrimento do Brasil em Cremona.
    Felicito-o pelo sucesso internacional da luteria e juntamente com Marilu desejo-lhe continuado êxito.
    Conte sempre com o apoio do Itamaraty para iniciativas de tanta qualidade.

Com o abraço amigo
de Luiz

Brasília, November 9, 2000

Dear Saulo, [Handwritten]

Thank you very much for kindly sending me the schedule for the concert "Brasil 500", in which the "Nuovo Quartetto Italiano" revealed details of the celebrations of Brazil's 500th anniversary of discovery, in Cremona.
I congratulate you for your international success in the luthier's art, and together with Marilu I wish you continued success.
You may rest assured of Itamaraty's support for high quality initiatives such as yours.

A warm embrace from Luiz [Handwritten]

Violino/*Violin*
Santos-Dumont

Roberta havia sido sua colega nas aulas de escultura do professor Piero Ferraroni (que lhe dera a ideia de fazer a reprodução da harpa). Casaram-se em Cremona, a cidade de 70 mil habitantes que mudou a vida de Dantas-Barreto. Têm três filhos. O mais velho, Aritana, nasceu em 1993, nas ilhas Baleares, na Espanha. Giulia nasceu em 1996, na Itália, e o pequeno Saulo, no Brasil, em 2005. Ele era recém-nascido quando Dantas-Barreto começou a construir o Aleijadinho.

Esgotada a fase europeia, a família cruzou o Atlântico para morar em São Paulo. Na cidade, Dantas-Barreto põe em prática tudo o que aprendeu na escola de luteria e na vida. Por que a capital paulista? O irmão Raïff morava em São Paulo, tocando no Quarteto da Cidade. E uma metrópole, com um importante movimento musical e inserida na rota internacional dos grandes artistas, era tudo o que Dantas-Barreto queria.

Além disso, nos preparativos dos 500 anos do Descobrimento, o artista erudito e popular Antônio Nóbrega encomendou-lhe um violino.

> **Dom Pedro Gastão de Orleans e Bragança (1913-2007)**
> Nasceu no Castelo D'Eu, na França, e se casou com uma prima, María de la Esperanza de Bourbon e Orleans, tia do rei Juan Carlos da Espanha. O casal, que teve seis filhos, vivia parte do tempo em Petrópolis (Brasil) e parte em Sevilha (Espanha).
>
> *He was born in France at the D'Eu Castle. He married a cousin, María de la Esperanza of Bourbon and Orleans, aunt of Spanish King Juan Carlos. The couple had six children, living mostly in Petrópolis, a town in Brazil's Rio de Janeiro state and the Spanish city of Seville.*

They used to take sculpting classes together with professor Piero Ferraroni – who gave him the idea for the Harp's reproduction. They married in Cremone, the seventy thousand inhabitants town which had changed his life. They have three kids. The eldest, Aritana, was born in 1993 on the Baleares Islands, Spain. Giulia was born in 1996, in Italy, and little Saulo was born in Brazil, in 2005. He had just been born when Dantas-Barreto began to construct Aleijadinho.

When the European phase ended, the family crossed the Atlantic to live in São Paulo. There, Dantas-Barreto puts in practice everything he learned at the lutherie school, and with life itself. They chose São Paulo because his brother Raïff was already living there – he played at the String Quartet of the City. The metropolis, with its important musical movement and its place on the international route of the great artists, was everything Dantas-Barreto could hope for.

Besides, during the preparations for the 500th year of Brazil's discovery celebrations, the scholarly and popular artist An-

Violino/*Violin* Pedro Américo

Violino/*Violin* Ingá

Violino/*Violin* Brasil 500

Violino/*Violin* Princesa Isabel

Violoncelo/*cello* Cremona

Foi o primeiro instrumento ornamentado, concluído em 1999. Para Nóbrega, desenvolveu a rabeca Dantas-Barreto, a partir de modelos e madeiras brasileiros. Os desenhos que inspiraram esse primeiro violino para Nóbrega são do filho de Ariano Suassuna, baseados em figuras da Pedra do Ingá, um dos principais sítios arqueológicos do Brasil, a 80 quilômetros de João Pessoa, na Paraíba.

Série temática

Desenvolvendo a ideia de ornamentar instrumentos, Dantas-Barreto concluiu, em 2004, o Floresta do Amazonas – o primeiro temático, ao qual se seguiriam outros dois violinos, além do violoncelo Aleijadinho.

O Floresta do Amazonas chama atenção pela beleza de sua composição. Mescla entre violino e floresta, é ornamentado com exemplares da flora e da fauna tropicais, e traz como licença poética uma planta "geneticamente modificada", cujas folhas têm forma semelhante à da caixa harmônica de um violino. Os dois furos harmônicos estão mimetizados no desenho, e um deles se insere em uma borboleta. Uma cobra que se enrola por todo o instrumento serve de unidade aos desenhos marchetados. Essa cobra passa de duas para três dimensões ao chegar ao ponto onde ficaria a voluta. Como o Aleijadinho, o Floresta do Amazonas carrega um dualismo entre o inovador e o tradicional. A confecção do violino segue a técnica do século 18 no que diz respeito às madeiras (ácero para o fundo e os lados e abeto para a parte frontal), às cores (vai do preto ao amarelo-claro), ao verniz e à marchetaria. É na ornamentação que ganha recursos surpreendentes. Pedaços de osso incrustados no espelho foram usados na cobra. Os acessórios, entre eles a queixeira, também são ornamentados.

Dois anos depois, impulsionado por sua arte, Dantas-Barreto iniciou o segundo violino temático: o Mata Atlântica. Seguindo a mesma concepção, mas mostrando outro bioma, o luthier ilustrou o instrumento com desenhos de beija-flor, cobra-coral, borboleta

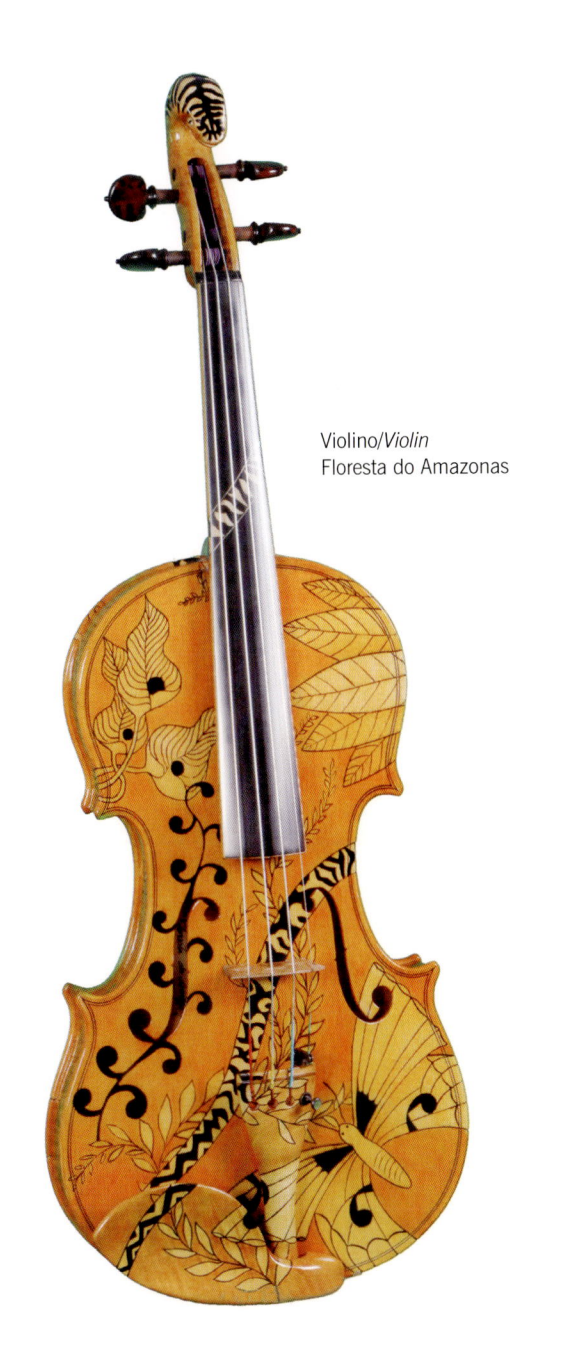

Violino/*Violin*
Floresta do Amazonas

tônio Nóbrega ordered him a violin. The first decorated instrument was finished in 1999. The Dantas-Barreto fiddle was built out of Brazilian woods and models. The inspiration came from drawings made by the son of Ariano Suassuna, based on pictures of Pedra do Ingá, one of the main archaeological sites in Brazil, 80 kilometers distant from the city of João Pessoa, in the state of Paraíba.

Thematic series

Developing the idea of decorating instruments, in 2004, Dantas-Barreto, concluded the Amazon Forest – his first thematic instrument, which would be followed by two other violins, and the Aleijadinho cello.

The Amazon Forest calls attention to the beauty of its composition. The instrument's blend of violin and forest is ornamented with tropical flora and fauna motifs, and reveals glimpses of poetic license with a "genetically modified" plant, whose leaves take on the shape of a violin's resonance box. The two resonance curves are mimicries of design, one of them resting on the image of a butterfly. A snake that curls around the instrument gives unity to the inlaid designs. The snake starts as a flat image carved on the surface, and extends out as a full figure that becomes the scroll. Like Aleijadinho, the Amazon Forest treads a path between the innovative and the traditional. The violin making process stems from the 18th century in terms of the wood (maple for the bottom and sides, spruce for the front), colors (ranging from black to light yellow), the varnish and inlaying. The most surprising resources are in the ornamentation. Pieces of bone encrusted in the fingerboard were used in the snake. Accessories, including the chinrest are also decorated.

Two years later, spurred on by his art, Dantas-Barreto began the second themed-violin: The Rainforest. Following the same conception, but showing other biome, the luthier adorned his instrument with images of hummingbirds, a coral snake, a trans-

Tutti coloro
che dimentica
il loro passa

translúcida, um peixe que se mistura ao "f" e uma onça. A voluta é tradicional, mas estampada com um desenho do pelo da onça, que "contamina" até as cravelhas. Como seu irmão Floresta do Amazonas, o Mata Atlântica tem um som de excepcional qualidade.

A criatividade de Dantas-Barreto levou-o a mudar completamente o tema em 2007. Para celebrar os 60 anos da criação do Estado de Israel, ele concluiu em 2008 o violino Ben Gurion, uma homenagem ao povo judeu.

A ornamentação é feita a partir de uma colcha de retalhos de citações em várias línguas, evidenciando a principal característica desse povo: uma diversidade quase absurda com uma unidade quase inacreditável, nas palavras de Dantas-Barreto. É como se tivessem colado papeizinhos no instrumento. Em meio às citações, há algumas reproduções de trechos de partituras, como as de *Odisseia de uma raça*, de Villa-Lobos. Essa obra do maestro e compositor brasileiro, composta em 1953 e dedicada a Israel, estava esquecida. Dantas-Barreto a encontrou no Museu Villa-Lobos, no Rio de Janeiro.

São muitos os autores citados. O que tem mais frases é o rei Davi. Há Ben Gurion, naturalmente. E sua cabeça esculpida faz as vezes de voluta. Há Spinoza, excomungado pelas autoridades rabínicas. Há Fernando Pessoa, que se dizia "mescla de fidalgos e judeus". Há dom Pedro II, com o detalhe de um documento que está no Museu Imperial, no qual escreve à filha Isabel em hebraico: "Alforria aos escravos".

Há o detalhe de uma tela de Lasar Segall de 1947 chamada *Massacre*, que retrata o Holocausto. Há um mapa de Fernando de Noronha para homenagear o cristão-novo que tinha o monopólio do pau-brasil. Por causa dele, no início de sua exploração, o pau-brasil era conhecido na Europa como madeira judaica. Também por essa razão, todos os acessórios do Ben Gurion são feitos de pau-brasil: as cravelhas, o estandarte, a queixeira.

lucent butterfly, a fish that merges with the 'f' hole and a jaguar. The scroll is traditional, but stamped with a drawing of the jaguar's fur, which "contaminates" even the pegs. Like its sibling, Amazon Forest, Rainforest has an exceptional sound quality.

Dantas-Barreto's creativity led him to change themes completely in 2007. To celebrate the 60th anniversary of the establishment of the State of Israel in 2008, he completed the Ben Gurion violin, as a tribute to the Jewish people.

The decoration consists of a patchwork of quotations in various languages, highlighting the main characteristic of this people: an almost absurd diversity with an almost unbelievable unity, in the words of Dantas-Barreto. It is as if people have pasted pieces of paper onto the instrument. Amid the quotations, there are reproductions of music score excerpts. One of them is Odisseia de uma raça (A race Odyssey) *by Villa-Lobos. This work of the Brazilian composer and conductor, composed in 1953 and dedicated to Israel, had been forgotten. Dantas-Barreto, found it in the Villa-Lobos Museum in Rio de Janeiro.*

Many authors are cited. King David is most strongly represented and there is Ben Gurion naturally – his head carving doubles as a scroll. Spinoza, excommunicated by the rabbinical authorities, is also there, in addition to Fernando Pessoa, who said he was "a mixture of nobility and Jews." D. Pedro II's presence is seen through the detail of a document housed in the Imperial Museum, in which he writes to his daughter Isabel in Hebrew, "Manumission for slaves."

There's the detail of a Lasar Segall's canvas, called Massacre, *from 1947, depicting the Holocaust. There is a map of Fernando de Noronha to celebrate the marrano who had the monopoly of the Pau-Brasil (Brazil Wood). Because of him, early in its exploitation, Brazil wood was known in Europe as Jewish wood. Also for this reason, all Ben Gurion's accessories are made of Brazil wood: the pegs, the flagship and the chinrest.*

Violino/*Violin* Ben Gurion

Aleijadinho – O Violoncelo

Como o Aleijadinho, o Ben Gurion tem ornamentação na parte interna. Ao olhar pelo furo onde se encaixa o suporte, é possível ver uma menorá (candelabro de sete velas), emblema do Estado de Israel. Na parte de baixo, está desenhado em grafite o que restou da fortaleza de Massada, símbolo da resistência do povo judeu. Como não dispensa um detalhe, Dantas-Barreto desenhou o que foi a sinagoga de Massada bem embaixo de onde fica a alma do violino. "É como se a sinagoga fosse protegida por todo esse povo", diz o luthier.

Elogios não faltaram. Violinistas de destaque já tocaram o Ben Gurion e aprovaram seu som. Ao ver e ouvir o instrumento, em 2010, um especialista em comercialização de instrumentos de Nova York resumiu sua surpresa: "É muito contemporâneo para nós".

Alguns tradicionalistas se incomodam com sua ousadia. Mas Dantas-Barreto já entrou para a história da luteria com os instrumentos que deixou na Europa. O mais importante, para ele, é continuar a fazer um trabalho de qualidade. Que começou com qualidade, pois todos os seus instrumentos têm um valor agregado: são primos-irmãos daqueles que estão expostos na Espanha e na Itália.

Like Aleijadinho, Ben Gurion has an interior ornamentation. By looking through the hole where the support is embedded, one can see a menorah (candelabra of seven candles), an emblem of the state of Israel. At the bottom are the pencil-drawn remains of the fortress of Masada, a symbol of resistance to the Jewish people. Not one to skimp on detail, Dantas-Barreto placed Masada down on the instrument where the soul of the violin is placed. "It's as if the synagogue was protected by all this people," the luthier says.

There has been no shortage of praise. Prominent violinists have played the Ben Gurion, approving its sound. In 2010, when an expert at instrument marketing saw and heard the instrument, in New York, he summed up his surprise by saying: "It's very contemporary for us."

Some traditionalists are troubled by its boldness. But Dantas-Barreto, has already made history in lutherie with the instruments left in Europe. The most important thing for him is to continue producing quality work. Which began with quality, because all the instruments have an added value: they have become first cousins of those on display in Spain and Italy.

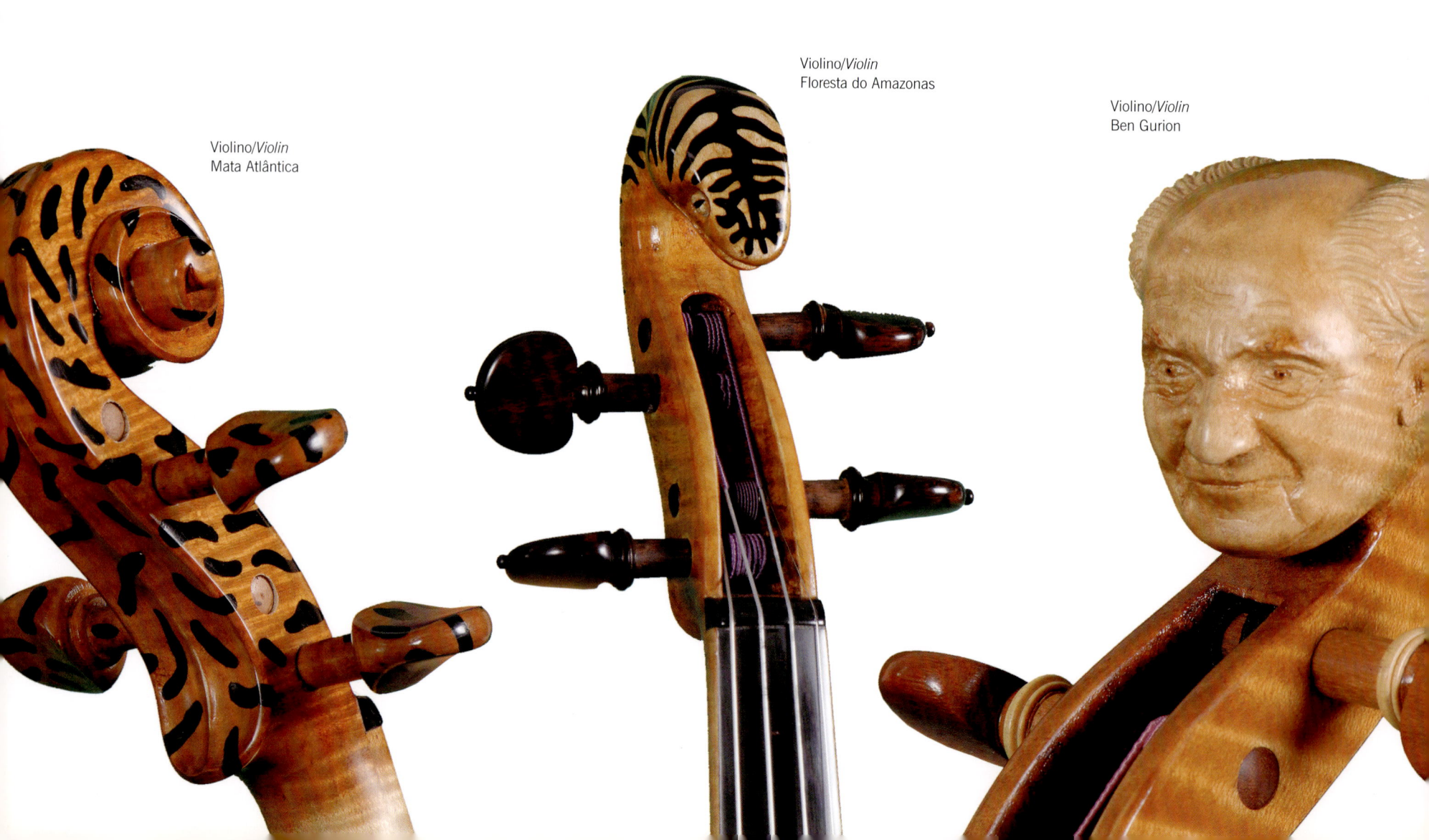

Violino/*Violin*
Mata Atlântica

Violino/*Violin*
Floresta do Amazonas

Violino/*Violin*
Ben Gurion

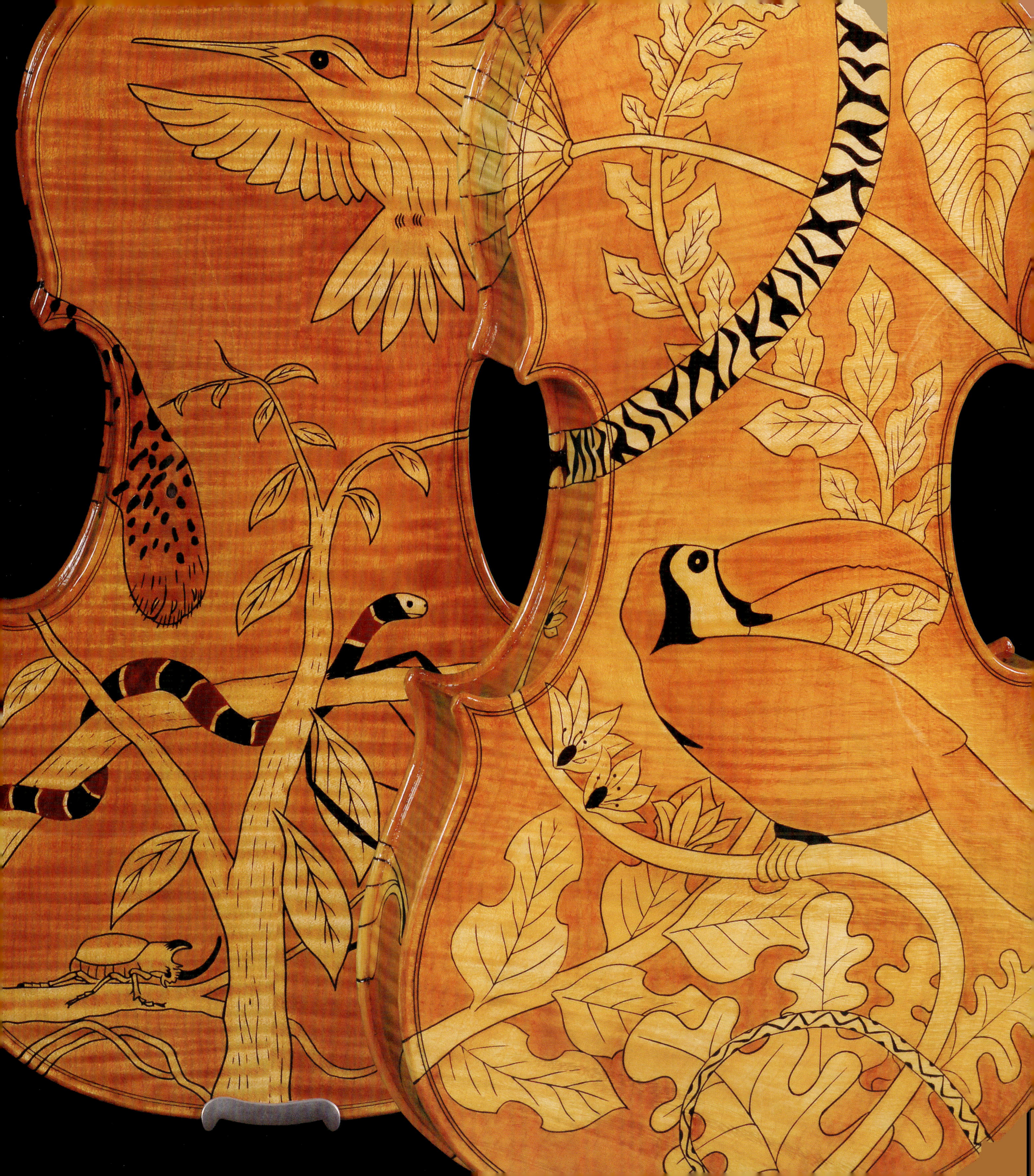

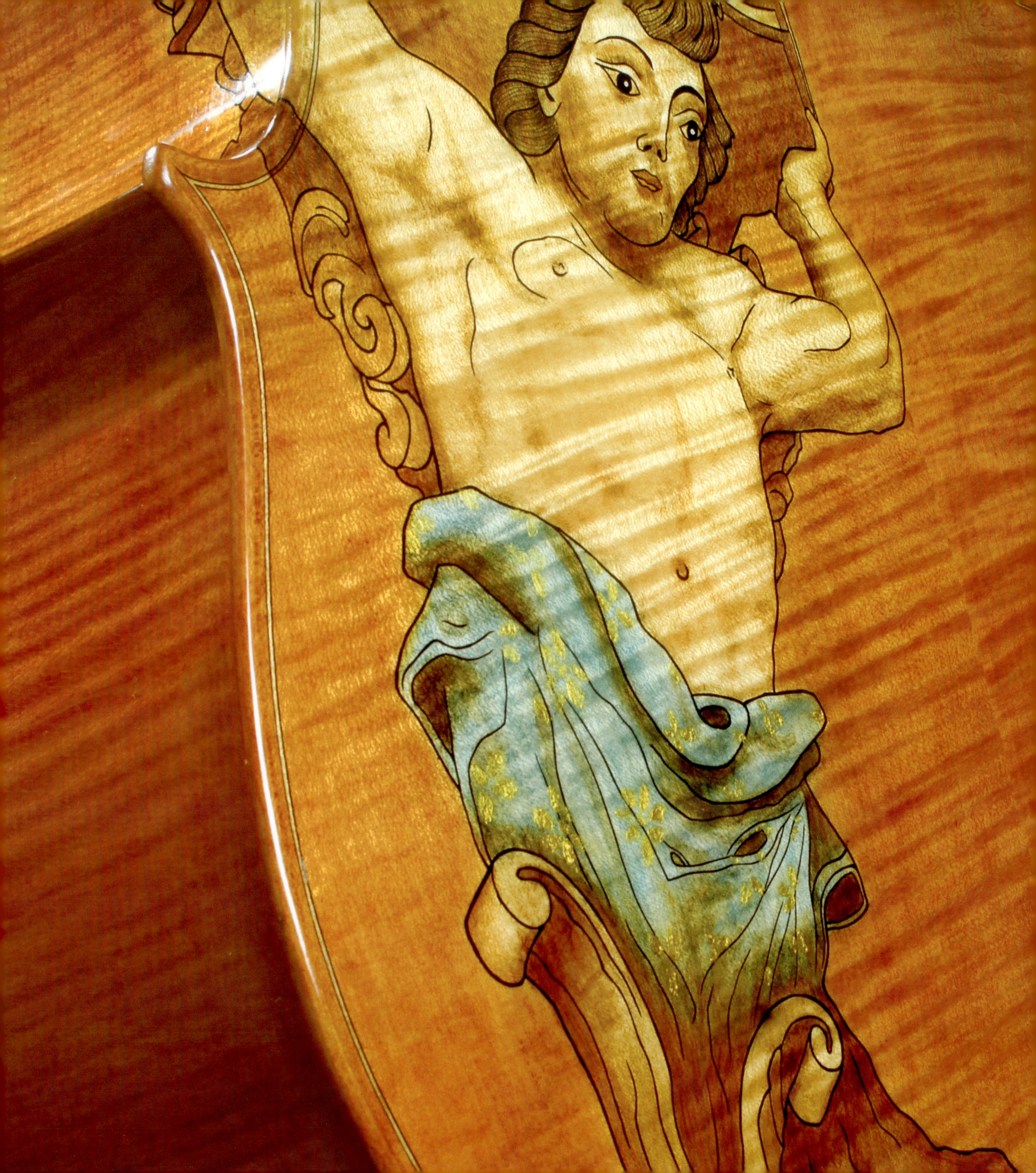

Capítulo 2
Nasce o Aleijadinho

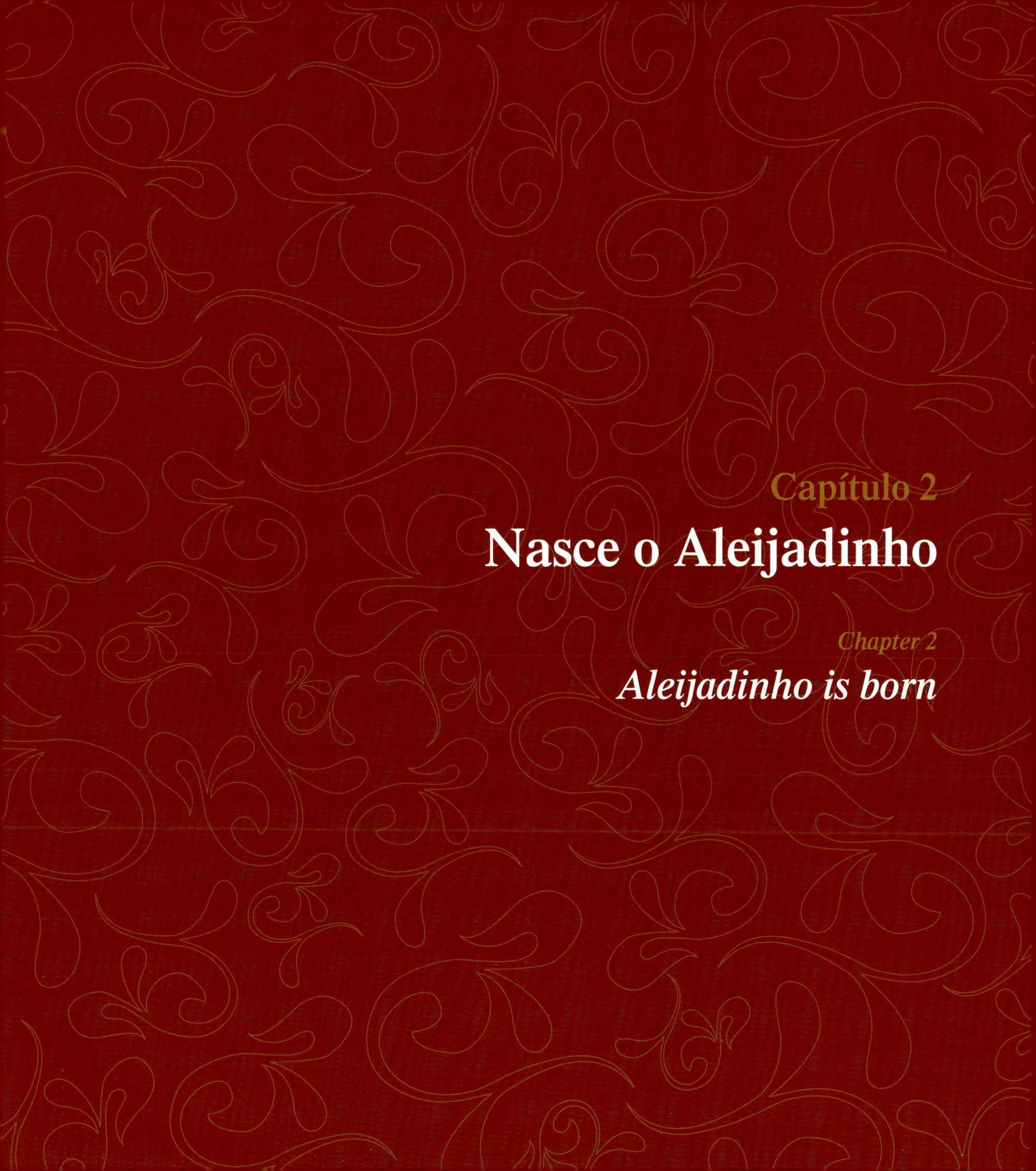

Chapter 2
Aleijadinho is born

Som impecável. Aparência inusitada. Ele é o Aleijadinho, o violoncelo que recebeu o nome do grande artista barroco <u>Antônio Francisco Lisboa</u>.

Enigmático e inovador, o instrumento muda alguns paradigmas da arte da luteria. Revoluciona a técnica construtiva, que reforça seus vibrantes graves e amplia seus agudos, e ainda aprimora os métodos de desmontagem, que facilitam sua manutenção. Não bastasse isso, tem um delicado trabalho de "tatuagem" inspirado nas obras de Aleijadinho, de Bach, de símbolos religiosos, profanos e matemáticos.

O mistério que cerca sua ornamentação começou já na escolha do tema. O luthier concebeu uma ideia que se impôs com tal força que parecia vir da própria inspiração de Aleijadinho. O trabalho resultou em um instrumento com energia própria, que faz o ouvinte fruir simultaneamente o prazer da música, da escultura e da pintura. A sua caixa de ressonância, que aprisiona imagens e profecias, é a mesma que difunde o som em uma potência inesperada.

É muito difícil inovar na arte da luteria. Para ser aceita, a inovação deve produzir um instrumento de qualidade excepcional, daí serem tão raras as modificações. E Dantas-Barreto, com sua criatividade, melhorou ainda mais o violoncelo: criou uma nova barra harmônica, dando ao Aleijadinho uma sonoridade comparável à dos instrumentos construídos no início do século 18, a época de ouro da luteria.

No entanto, o Aleijadinho é mais tradicional do que parece. A grande revolução na técnica construtiva não deixa de ser uma evolução; as cores usadas na ornamentação são típicas da luteria, com exceção do azul; e sua construção segue os rígidos parâmetros determinados pelos grandes luthiers.

Para entender o conceito desse violoncelo, é preciso saber como nasceu o Aleijadinho. De um lado, Dantas-Barreto já estava no caminho da ornamentação de instrumentos. E já imaginava um violoncelo ornamentado: "O violino é um objeto muito pequeno, e eu tinha certeza de que o *cello* valorizaria, e muito, essas incrustações".

Ao receber uma encomenda para fazer um violoncelo, veio a ideia de Aleijadinho. Embora sua obra não esteja relacionada à música, tem a ver, acima de tudo, com criatividade. Aleijadinho superou de forma original os limites impostos pela Igreja, que lhe

Impeccable sound. Unusual appearance. This is Aleijadinho, a cello named after the great Baroque artist <u>Antônio Francisco Lisboa</u>.

This cello is mystifying and innovative in every sense – it has actually changed some paradigms of lutherie. It revolutionizes the construction technique which strengthens its vibrant low sounds and amplifies its high sounds, as well as improves the disassembly methods, which makes maintenance much easier. Additionally, the instrument bears a delicate "tattoo" work inspired by Aleijadinho, Bach, and religious, profane and mathematical symbols.

The mystery surrounding its ornamentation began with the theme choice. The luthier conceived the idea with such compelling force that it seemed to have come from Aleijadinho's own inspiration. Such work resulted in an instrument with its very own energy, that brings to listeners the joys of music, sculpture and painting. Its resonance box, which encages images and prophecies, is the same that diffuses the sound with unexpected potency.

Innovation, in lutherie, is no easy task. In order to be accepted, the innovation must produce an instrument of exceptional quality. This is why modifications are seldom undertaken. And Dantas-Barreto, with his creativity, has improved the cello even further: he created a new bass bar, giving Aleijadinho a sonority that can be compared to the early 18th century instruments, the golden era of lutherie.

However, Aleijadinho is more traditional than it seems. The great revolution in the construction technique was nevertheless an evolution; the ornamentation colors are, except for the blue, typical of lutherie, and the cello's construction follows the strict parameters established by the great luthiers.

In order to understand this, one must know how the idea of Aleijadinho came up. On one side, Dantas-Barreto had already been tracing the steps of instrument ornamentation. The ornamented cello had already been on his mind for a while. "Violins are too small, and I was sure the cello would highlight a lot these incrustations."

Upon receiving the request for building a cello, there came the idea of Aleijadinho. Although his works are not related to music, they have everything to do with creativity, above all. Aleijadinho overcame with originality the limits imposed on his work

O₉ P₄ E₁₂
R₁₀ P₁₄ P₃
E₂₀ D₂₁ O₇
D₅ D₈ R₁₁
P₉ E₁₁ R₅
R₂ D₈ E₈
D₉ E₆ O₁₅
P₇ O₅ R₈

encomendava as obras, e as dificuldades provocadas pela doença. Sua obra, por mais barroca que seja, traz junto a ideia de superação.

Inovações técnicas

Durante anos, Dantas-Barreto pesquisou e desenvolveu novas técnicas construtivas. Cada parte de um instrumento era experimentada, analisada. Quando alterava algo, anotava os efeitos dessas modificações na sonoridade dos instrumentos. A qualidade do som sempre foi uma das preocupações que ocuparam a mente do artista.

As peças que ele utiliza são recortadas, no limite do possível, para aumentar a reverberação. Outra preocupação é a resistência, qualidade intrínseca de um bom instrumento. Para recortar a madeira, Dantas-Barreto usa formões e facas de entalhe. Como outros bons luthiers, não utiliza lixa no acabamento final, pois isso comprometeria a sonoridade do instrumento.

O espelho do violoncelo é uma das partes que exigem mais manutenção. Para soltá-lo, os luthiers usam água para dissolver a cola e, onde a água não penetra, facas. Dantas-Barreto desenvolveu um recurso todo especial: uma rede de canais que irrigam o espelho por trás. Com uma seringa, injeta água em um dos furos. Ela percorre os canais e sai pelo outro furo. Como a cola se dissolve em água, o espelho se solta sem dificuldade e sem danificar o braço do violonce-

Antonio Francisco Lisboa, o Aleijadinho

O maior artista barroco brasileiro nasceu em Vila Rica (hoje Ouro Preto) nos últimos anos da década de 1730. Arquiteto e escultor, era filho de Manuel Francisco Lisboa, mestre de obras português que trabalhava como arquiteto em Minas Gerais, e de uma escrava chamada Isabel. Com pouco mais de 30 anos, começou a manifestar os sintomas de uma doença que lhe causou deformações nas mãos, nos braços e nos pés. Passou então a ser chamado de Aleijadinho. A doença progrediu, mas as deformações não impediram que continuasse a trabalhar. Se não era carregado, andava de joelhos, protegidos com pedaços de couro. Esculpia com cinzel e martelo amarrados aos punhos pelos ajudantes. Vivia isolado. Só parou de trabalhar nos dois últimos anos de vida, já completamente cego. Morreu em 1814, também em Vila Rica. Aleijadinho trabalhou sempre atendendo a encomendas da Igreja em Minas Gerais, onde ficam as inúmeras esculturas e ornamentações sacras que realizou. Sua obra-prima, o conjunto de Congonhas do Campo, foi criada quando ele tinha mais de 60 anos. São 12 estátuas de pedra-sabão representando os profetas e 66 figuras de cedro que compõem os passos da Via Crúcis, no santuário de Nosso Senhor Bom Jesus de Matosinhos, em Congonhas do Campo, Minas Gerais, Brasil. Sua arte é reconhecida internacionalmente. Nos anos 1960, o então curador do Museu do Louvre, Germain Bazin, escreveu um livro sobre o barroco no qual chamou Aleijadinho de Michelangelo dos Trópicos.

Antônio Francisco Lisboa, the greatest Baroque Brazilian artist, was born in Vila Rica – the town presently called Ouro Preto, situated on the state of Minas Gerais – in the late 1730's. He was an architect and a sculptor. His father was Manuel Francisco Lisboa, a Portuguese construction manager who worked as an architect in Minas Gerais, and his mother was a slave called Isabel. A few years after reaching his 30s, symptoms of a disease began to manifest in his body, resulting in deformities on his hands, arms and feet. He then became known as Aleijadinho (Little Cripple). Although the disease progressively advanced, it did not halt Aleijadinho's work. When he was not being carried, he would walk on his knees, which were protected by leather pads. He would sculpt with a chisel and a hammer tied to his wrists by his helpers, and lived in isolation. He just stopped working in the last two years of his life, and, by then, he had become completely blind. He died in 1814 in Vila Rica. Aleijadinho worked on pieces which were ordered by the Catholic Church of Minas Gerais, where most of his sculptures and church ornamentations are today. His masterpiece, the set of sculptures at the town of Congonhas do Campo, in Minas Gerais, was created when he was over sixty years old. These are 12 pumice statues representing the Prophets, and 66 cedar images composing the steps of the Via Crucis, at the sanctuary of Nosso Senhor Bom Jesus de Matosinhos. He is internationally renowned for his art. In the 60s, the then curator of the Louvre Museum, Germain Bazin, wrote a book about the Baroque movement in which Aleijadinho was denominated the Michelangelo of the Tropics.

by the demands of the Church and by his own disease. His works, even Baroque as they are, bring along the idea of going beyond.

Technical innovations

For years Dantas-Barreto conducted research and developed new construction techniques. Each part of an instrument would be tested and analysed. When he altered something, he took notes about the effects of these modifications on the instruments. The sound quality has always been one of the artist's main worries.

The pieces he uses are cut as best as possible to increase reverberation. He also takes precautions to ensure a well-built resistance, the intrinsic quality of a good instrument. For working with the wood, Dantas-Barreto makes use of chisels and carving knives. Like many other good luthiers, he does not use sandpaper for the final touches, since this would compromise the instrument's sonority.

The cello's fingerboard is one of the parts which most require high maintenance. In order to detach it, luthiers dissolve the glue with water and use knives where the water cannot penetrate. Dantas-Barreto developed a very special feature: a set of pipes that irrigate the backside of the fingerboard. Water is injected with a syringe in one of the holes. It runs through the pipes and comes out through the other hole. Since water dissolves the glue, the fingerboard

lo. Com esse processo, as peças duram mais porque não se desgastam tanto.

A posição das cravelhas foi cientificamente estudada para que as cordas não enrosquem entre si ou nos pentes de apoio. Com isso, a durabilidade das cordas é maior, o risco de rompimento é menor, e a afinação, muito mais fácil. A caixa que segura as cravelhas não é reta, como na maioria dos instrumentos. É abaulada, mais grossa em volta das cravelhas, onde há necessidade de maior apoio, e mais fina nas bordas, para redução do peso. As modificações lhe conferem uma sutil elegância.

A alma do instrumento também foi modificada. Geralmente, a alma tem formato cilíndrico e é limitada pelo tamanho do "f", pois é montada posteriormente à caixa harmônica. Dantas-Barreto desenvolveu uma alma elíptica, que permite a passagem através do "f"; porém, ela tem maior área de contato com os tampos. Um pequeno detalhe que diminui significativamente os efeitos nocivos da pressão da alma nos tampos.

Como o Aleijadinho é ornamentado também na parte interna, Dantas-Barreto desenvolveu um apoio para o espigão, que pode

can be easily detached with no damage to the cello's arm. This process allows pieces to last longer by going under less attrition.

The positions of tuning pegs were scientifically studied so that the strings do not become interwoven with each other, or with the bridge. Thus, strings last longer, snapping becomes more unlikely to happen, and the tuning process gets much easier. The peg box supporting the tuning pegs is not straight as in most instruments. It has a bowed, thicker shape around the tuning pegs (where there is more need for support) and it is thinner at the edges for weight reduction, bringing a subtle elegance to the box.

The sound post of the cello was also modified. Sound posts are usually cillindrical and limited by the size of the f-holes, because they are assembled after the harmonic box. Dantas-Barreto developed an elliptical sound post, which allows the air and the sound to pass through the "f", but with a smaller contact area with the plates of the cello. It is a small detail which makes a lot of difference on the side-effects of the sound posts' pressure on the plates.

Since Aleijadinho is also ornamented on the inside, Dantas-Barreto created a support for the endpin, which can be extracted.

ser extraído. Esse apoio foi torneado com precisão milimétrica e permite que se possa apreciar a arte embutida na caixa harmônica. Nessa peça, o artista introduziu um material que até então não havia sido utilizado nessa arte: o aço inoxidável.

Os instrumentos de medição à disposição do artista neste início de século são muito superiores aos disponíveis na época dos grandes mestres, e mais sensíveis do que eles. Dantas-Barreto também tem a posse de 300 anos de estatísticas sobre a espessura dos tampos e sua capacidade de resistir à pressão das cordas. Se o tampo for muito fino, ele se quebra; se for muito espesso, não projeta o som. O luthier conseguiu, graças a instrumentos novos e mais precisos, construir um tampo perfeito, uma das razões pelas quais os sons agudos são muito bem percebidos pelo público.

No lugar da voluta, o Aleijadinho tem uma cabeça e uma mão com o dedo em riste. Para o dedo não quebrar, o artista fez nele um pequeno orifício, introduziu um suporte de aço e tampou-o com uma peça de madeira, que forma a unha do dedo.

This support was carved with millimetrical precision, and it allows us to appreciate the art embedded in the harmonic box. In this piece, the artist introduced a new material that had not been used yet in this kind of art: stainless steel.

The measuring instruments available to the artist, now in the early stages of this century, are much superior and sensitive than the ones that existed during the times in which the great masters lived. Dantas-Barreto has, in addition, 300 years of statistics about the thickness of plates and their ability to resist pressure from the strings. If a plate is too thin, it breaks; if it is too thick, it does not project the sound. Thanks to the precise new measuring instruments, the luthier managed to build an extremely thin plate, which is, in part, why high sounds can be so well noticed by the audience.

Replacing the scroll, Aleijadinho has got a head and a hand with a pointed-out finger. In order to protect the finger from breaking, the artist made a small hole to fit the metallic support and covered it with a wooden piece: the nail of the finger.

Nasce o Aleijadinho

Dantas-Barreto utilizou couro para reforçar partes frágeis. É o caso dos cortes dos "f", protegidos com pequenas peças de couro, o que evita rachaduras no tampo superior.

A mais expressiva das inovações, porém, está na barra harmônica. Nos violoncelos, ela serve como viga de sustentação do tampo superior e para distribuir os graves. Nos primórdios, era pequena, bem menor do que os 60 centímetros atuais. Percebeu-se, com o passar do tempo, que, quanto mais longa, tanto melhores eram os graves – mais profundos e com maior projeção. As barras harmônicas, sempre retas, tornaram-se mais extensas, até quase alcançarem as bordas do tampo. Pareciam ter chegado ao seu limite. Dantas-Barreto inventou uma solução revolucionária: curvou as pontas da barra, o que permitiu aumentar seu comprimento. Como resultado, ela deu maior resistência à estrutura, e o público percebe no Aleijadinho os graves com mais volume e nitidez.

Dantas-Barreto reinforced the fragile parts with leather. That is the case with the f-holes, protected with leather pieces that avoid cracks on the top plate.

The most expressive of these innovations, though, is in the bass bar. In cellos, the bass bar is straight. Its role is to sustain the acoustic box and to spread low sound vibrations. In the beginning, it used to be smaller, with much less than the present 60 centimeters. Time has shown that the longer the bar, the better the lows – deeper, with more projection. Bass bars were always straight, until they became longer, almost reaching the edges of the plates. They seemed to have reached the limit of their length. Dantas-Barreto came up with a revolutionary solution: he bent the tips of the bar, allowing for a bigger length. As a result, it brought better resistance to the structure. And the audience becomes aware of Aleijadinho's louder, limpid low sounds.

39

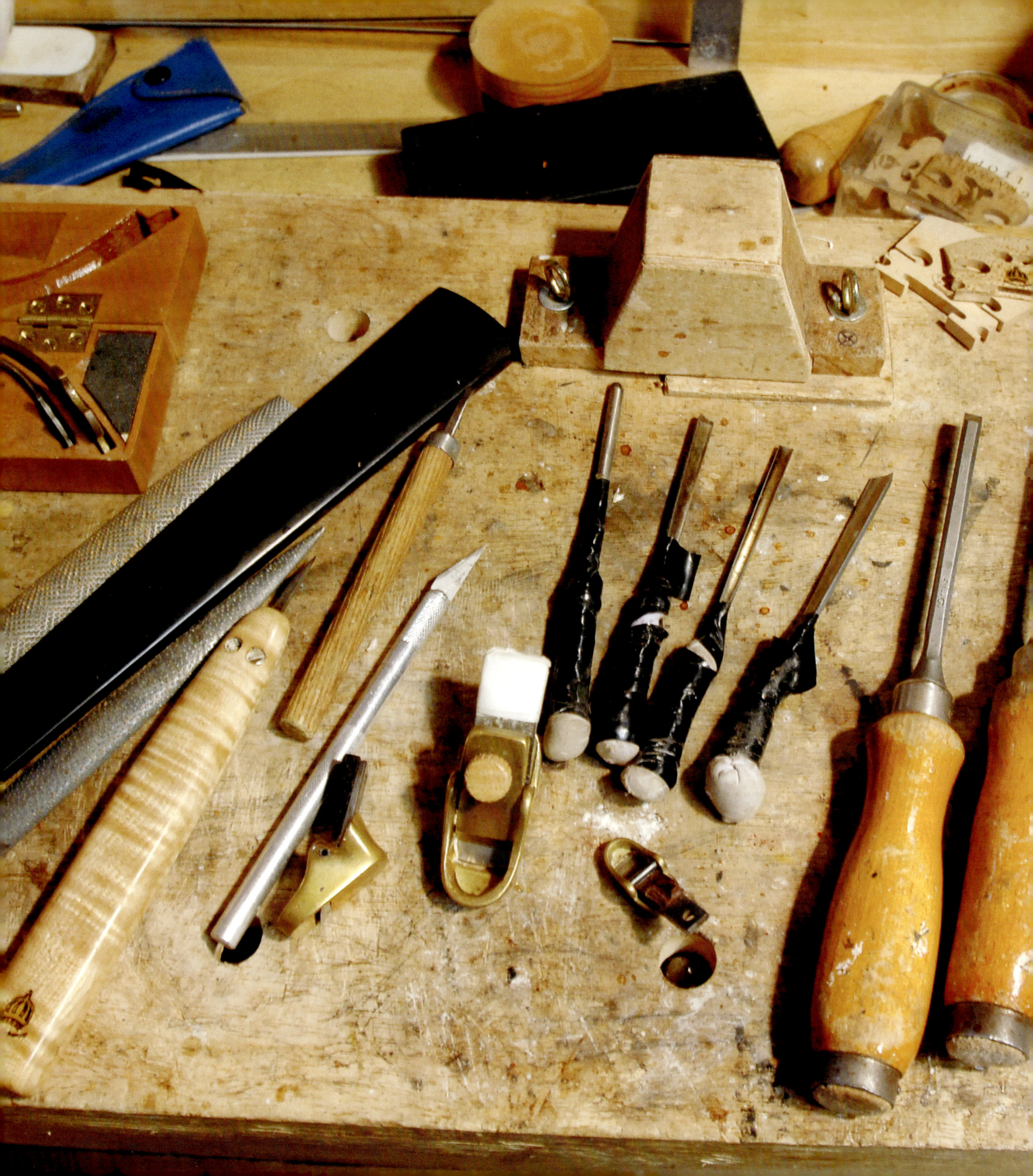

Capítulo 3
Passo a passo

Chapter 3
Step by step

Se tecnicamente o Aleijadinho é um violoncelo superior, o mesmo aconteceu nos cuidados com o aproveitamento dos desenhos das madeiras. Já no início de sua construção, Dantas-Barreto dedicou um bom tempo para alinhá-los, o que confere grande qualidade estética e sugere ao observador a sensação de que todo o conjunto é feito do mesmo pedaço de madeira. Várias são as técnicas usadas para ornamentar o violoncelo. A primeira e mais presente é a marchetaria, responsável por todas as figuras dos tampos e os pergaminhos. As profecias internas foram escritas com nanquim. Na marchetaria, o artista produz a figura riscando a madeira com um sulco entre 0,5 e 1 milímetro. O sulco é preenchido por uma massa de cola e pó de ébano, que já foi usada por Stradivari e vibra junto com a madeira do tampo, não interferindo na sonoridade do instrumento. Tudo foi pensado para dar ao violoncelo mais sonoridade e durabilidade. Sempre que se abre um instrumento para manutenção ou reparo, há um pequeno desgaste nas suas laterais. É um desgaste mínimo, mas os desenhos do Aleijadinho estão dispostos de maneira a permitir que o tampo seja descolado muitas vezes sem que isso afete a ornamentação. Além disso, deve-se notar que não há marchetaria onde o instrumento encosta no músico. O processo de construção do Aleijadinho é apaixonante. Vamos acompanhar os principais passos do trabalho do luthier Dantas-Barreto nesse projeto, que exigiu um ano e meio de dedicação.

If technically Aleijadinho is a superior cello, the same has happened with the careful exploitation of the woods natural design. Right from the beginning, Dantas-Barreto dedicated a lot of time to aligning the pieces of wood, which gave the cello great aesthetic quality. This careful alignment also gives viewers the impression that the whole set was carved out of the same piece of wood. Many were the ornamentation techniques used by Dantas-Barreto on the cello. The first and foremost technique, used on every depiction on the plates and the scrolls, was marquetry. The prophecies on the inner side were made with india-ink. In marquetry, artists produce images by routing a 0,02 - 0,04 inch furrow on the surface of the wood. The furrow is then filled with a mix of glue and ebony dust – once used by Stradivari – for the fact that they vibrate along with the wood plates, therefore not interfering with the sonority. Greater sonority and durability were always kept in mind at all stages. Whenever an instrument is opened for maintenance or repair, its sides always go through some attrition. The attrition is minimal, but Aleijadinho was designed to allow the plates to be unglued several times without affecting the ornamentation. It is also interesting to notice that there is no marquetry on the parts where the instrument is touched by the musician's body. Aleijadinho's building process is fascinating. We will now go over the main steps on the work of the luthier Dantas-Barreto, on a project that took one year and a half of dedicated work.

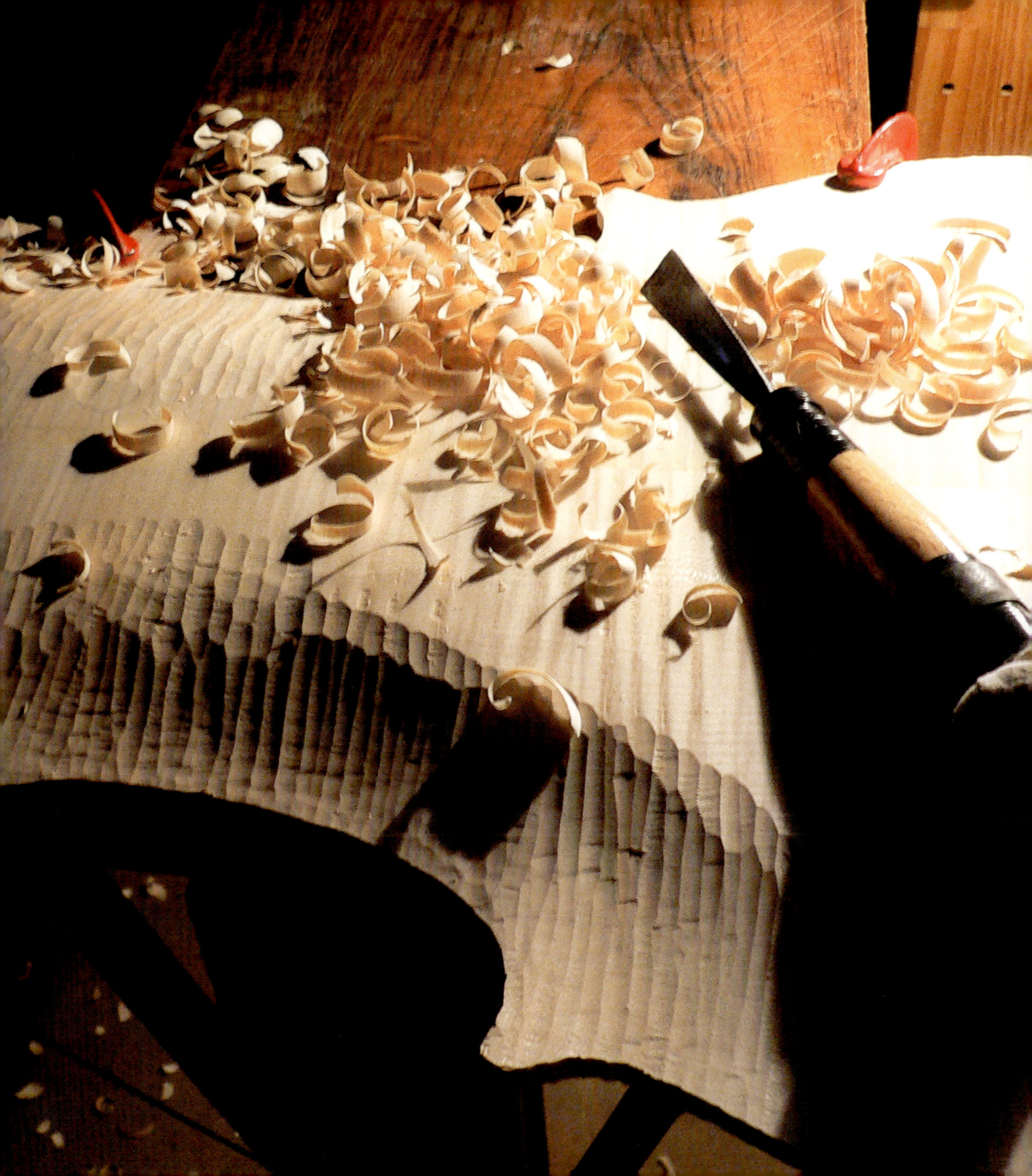

Aleijadinho – O Violoncelo

O início do trabalho é o desenho que Dantas-Barreto faz à mão livre, em papel.

A ilustração mostra como a madeira é cortada do tronco da árvore para que seja usada no corpo do violoncelo. No Aleijadinho, foram empregadas as madeiras clássicas: abeto (um tipo de pinho) na frente, ébano no espelho, ácero nas laterais, no fundo e no braço.

A madeira cortada chega ao ateliê de Dantas-Barreto. Ela é importada da Europa, onde passa por rigoroso processo de secagem e fica envelhecendo por dez anos ou mais. Antes de iniciar o trabalho, Dantas-Barreto analisa cuidadosamente a posição dos veios da madeira.

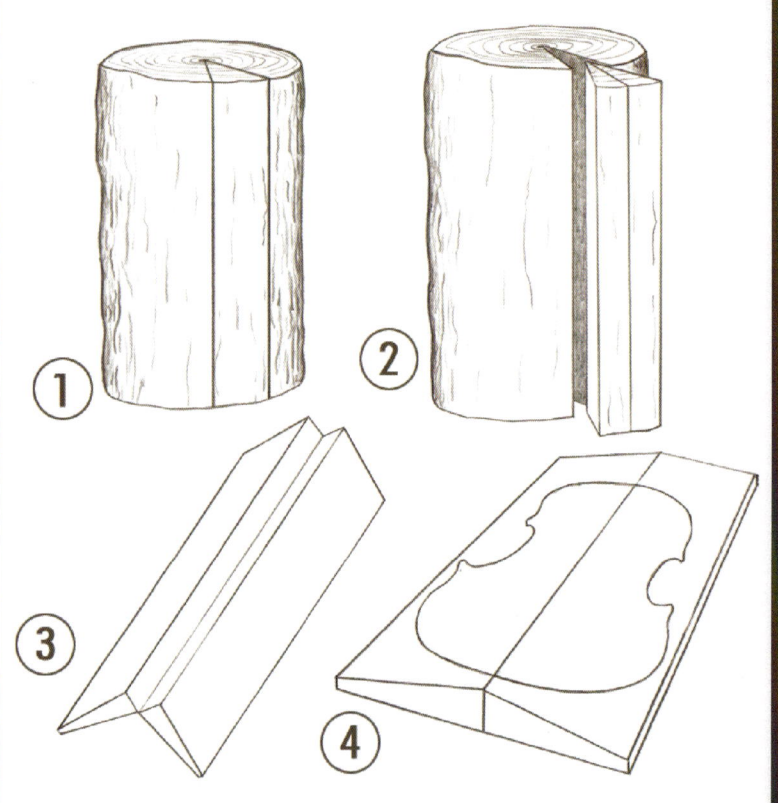

This is the fist step of the work: Dantas-Barreto makes freehand drawings on paper.

The image shows the wood cutting process, from the tree trunk to the body of the cello. The classical woods were used in Aleijadinho: fir (a type of coniferous tree) on the front, ebony for the fingerboard, and maple for the sides, bottom and arms.

The cut wood is delivered to the atelier of Dantas-Barreto. It is imported from Europe, where it goes through a rigorous process of drying and maturing for over ten years. Before his work begins, Dantas-Barreto will carefully examine the position of the wood veins.

Um pantógrafo, desenvolvido pelo próprio Dantas-Barreto, cuida de transferir para a madeira as formas do modelo da voluta feita de barro.

Um dos grandes segredos de um luthier é o molde interno, que ele mesmo faz para construir os instrumentos.

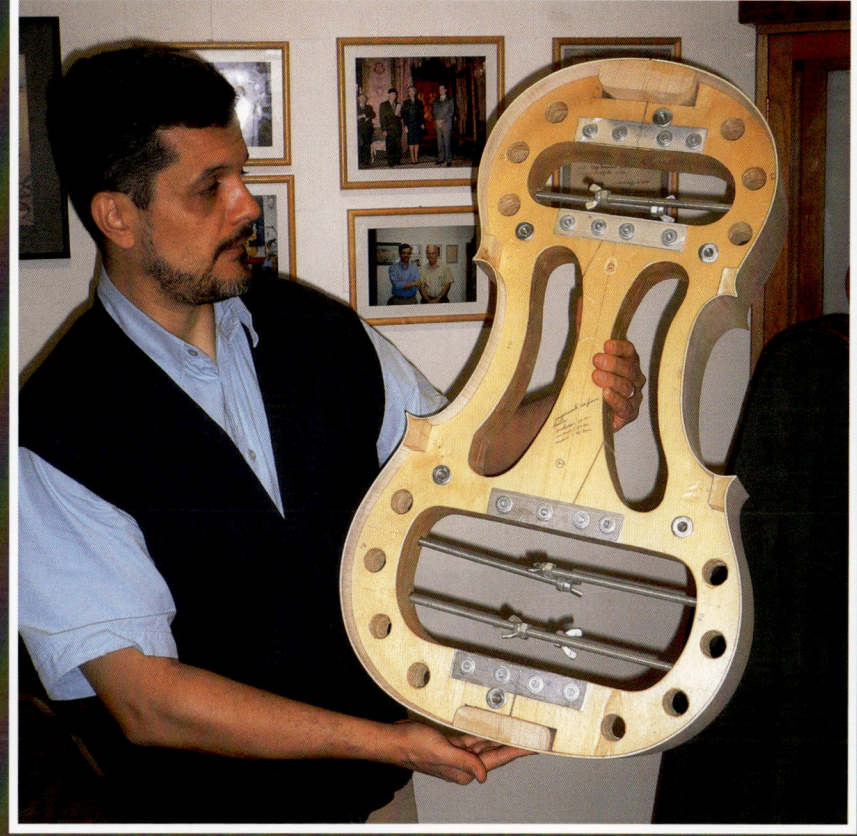

A pantograph, developed by Dantas-Barreto himself, transfers to the wood the shapes of the scroll's model, made of clay.

One of a luthier's greatest secrets is the internal frame that he himself builds – It must be reliable – and uses in the making of instruments.

O detalhe da montagem na lateral mostra a delicadeza e a precisão do luthier.

As duas peças de abeto são coladas e estão prontas para ser recortadas. Essa linha central vai servir de referência para todo o trabalho. Com absoluto controle sobre as ferramentas, o luthier vai definindo a espessura mais adequada para cada pedaço do instrumento. Dantas-Barreto retira, no limite do possível, todo o excesso de madeira para reduzir o peso do violoncelo e aumentar sua sonoridade.

The detail of the assembly at the lateral shows the luthier's delicacy and precision.

Both fir pieces are glued and ready to be cut. This central line will be a reference for the entire work. The luthier keeps absolute control of his tools, defining the most adequate thickness for each piece of the instrument. Dantas-Barreto chips off as much excess wood as possible, in order to reduce the weight of the instrument and increase its sonority.

Já no formato final, o instrumento começa a ser entalhado. Um bom luthier nunca usa lixa no acabamento. Isso contaminaria a sonoridade do instrumento.

Curvas de nível são desenhadas para garantir a curvatura perfeita.

Already in the shape of a future cello, the wood begins to be carved. A good luthier never uses sandpaper as a final touch, because this would contaminate the instrument's sonority.

Level curves are drawn to ensure the perfect curvature.

Logo no começo, a forma é bruta, calejada, disforme. O tampo de trás vai passar por horas de acabamento até ter uma superfície uniforme, arredondada, lisa e bela.

O bloco que fica no interior do violoncelo segura o espigão e suporta o peso do instrumento.

Right in the beginning the shape is raw, calloused, formless. The back plate will face hours of finishing until it obtains a uniform surface, rounded, smooth and beautiful.

The block that's in the interior of the cello holds the endpin and supports the instrument weight.

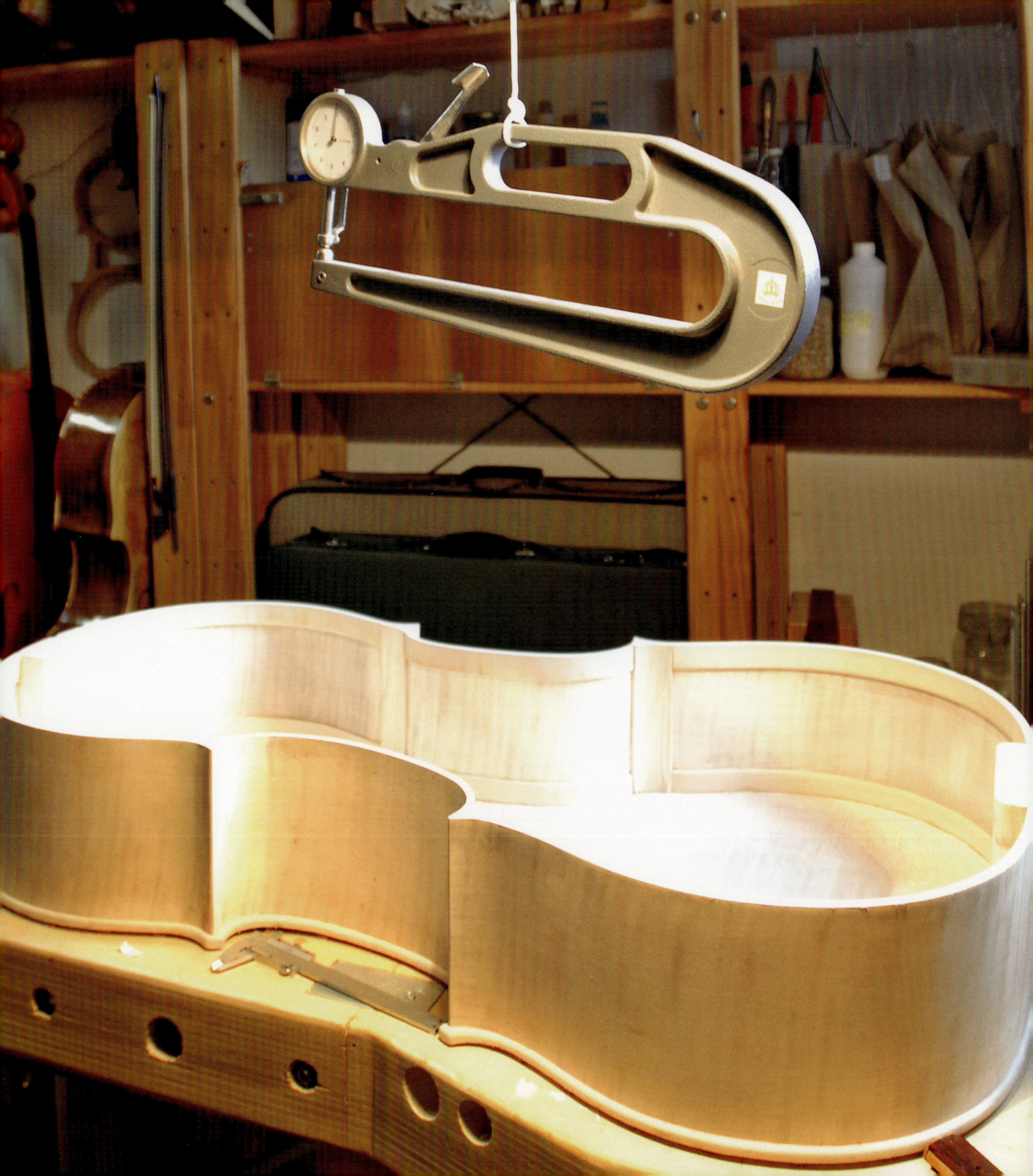

Um momento importante: a retirada do molde.

Retirado o molde, começa o processo de reforço da estrutura interna do instrumento.

One important step is taking off the mold.

Once the frame is removed, the reinforcement of the instrument's internal structure begins.

As curvas dos instrumentos são sempre paralelas. Ao longo dos séculos, pesquisas foram se sucedendo para determinar as medidas das curvas, que ajudam na reverberação do som.

A lente de aumento ajuda no trabalho preciso e minucioso de incisão e preenchimento do espaço com o filete (são duas madeiras pretas e uma branca no meio). Esse acabamento é uma indicação da qualidade técnica e artística do luthier.

Curves, on instruments, must be always parallel. Research has been conducted throughout the centuries in order to determine the measures of these curves, that help sound reverberation.

Magnifying lenses are essential for the precise and detailed work of incision and filling of the top groove with the purfling (a white piece of wood between two dark ones). Such finishing is a sign of the technical and artistic qualities of a luthier.

O segredo do som do instrumento começa a se delinear na definição das espessuras, controladas com precisão pelo medidor, que indica até décimos de milímetros.

A furação do corte dos "f" – furos harmônicos. Os "f" também são indicativos da habilidade do luthier.

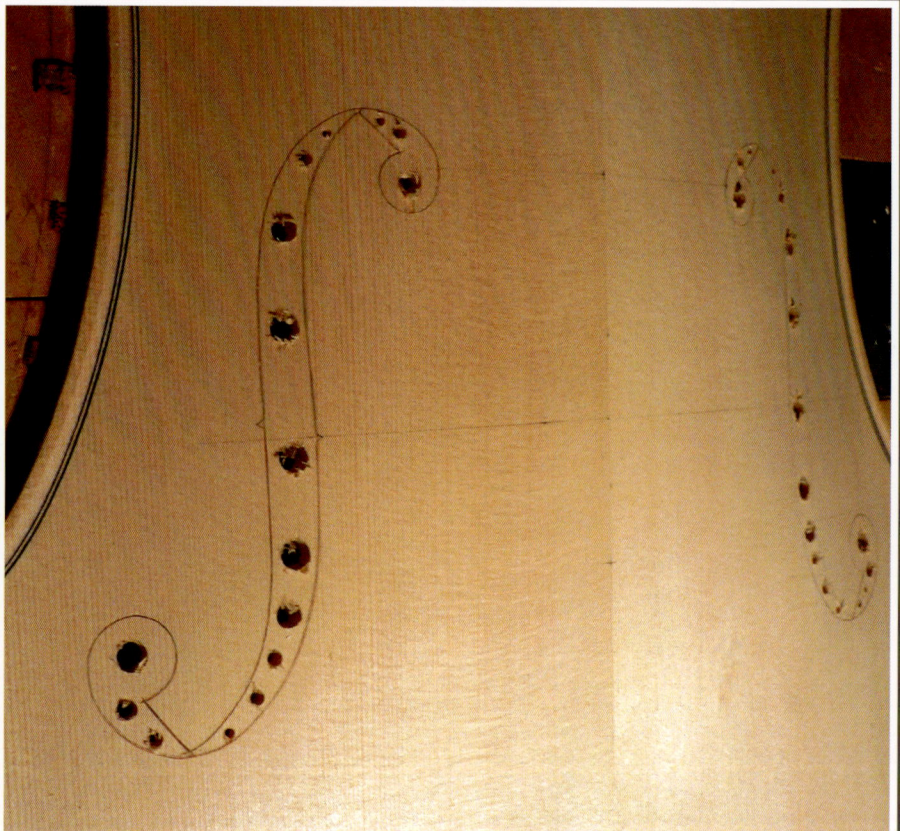

The secret to the cello's sound begins to take shape when the thickness of its parts is defined. This is controlled by a gauge with a precision of decimal fractions of inches.

Cutting the f-holes – harmonic holes. The f-holes are also a sign of the luthier's skills.

Dantas-Barreto criou uma série de canais que, inundados, descolam o espelho do instrumento, evitando danos ao violoncelo causados pela manutenção.

Montado pela primeira vez, tudo se encaixou. O violoncelo está quase pronto. Falta-lhe a ornamentação. Ela será feita com a técnica da marchetaria, que pode ser comparada à da tatuagem. Uma vez ornamentado interna e externamente, o instrumento será fechado para receber o verniz.

O Aleijadinho recebe sua primeira inscrição, indicando o rumo que tomará, de mistério, desafio. Essa inscrição só será vista por alguns. É um pergaminho com uma profecia.

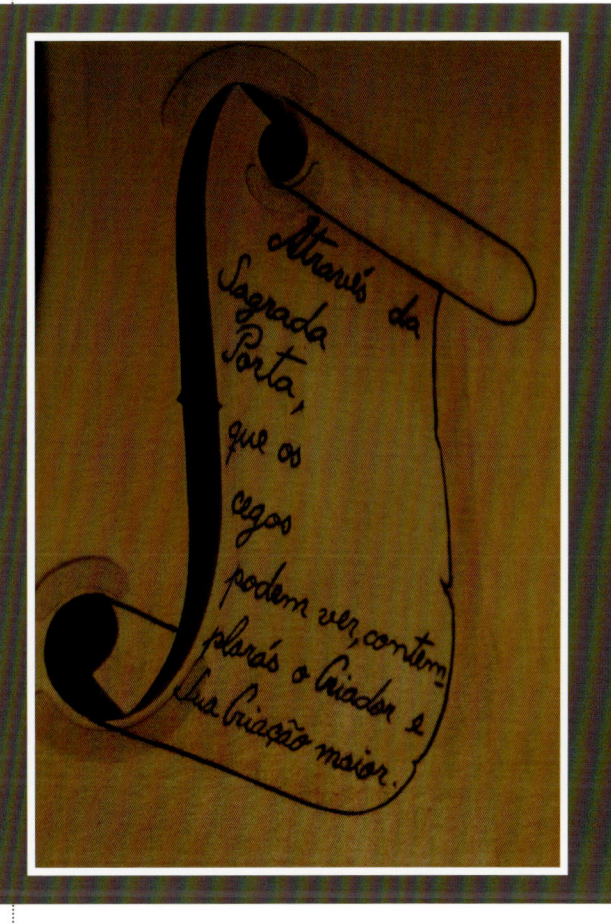

Dantas-Barreto created a set of pipes that, inundated, loose the fingerboard of the instrument, avoiding damage caused by maintenance.

Assembled for the first time, everything's fit. The cello is almost ready. It still lacks the ornamentation, which will be done with an inlay technique comparable to a tattoo. Once it is ornamented internally and externally, the cello will be sealed and varnished.

Aleijadinho gets its first inscription and starts to become a mystery, and a challenge. This inscription will be seen only by a few. It is a scroll with a prophecy.

O grande avanço técnico do Aleijadinho é a barra harmônica curva. A barra tem duas funções: a primeira, estrutural, como uma viga de sustentação; a segunda, acústica, de distribuição das vibrações graves. Por isso mesmo, fica embaixo da quarta corda. Como exemplo: no violino barroco, a pressão das cordas no cavalete e na barra hamônica era menor. Posteriormente, para ampliar o som, inclinou-se o ângulo das cordas, que ficou maior, passando a exercer maior pressão sobre a barra. Então ela cresceu até o limite da dimensão da caixa harmônica. Dantas-Barreto desenvolveu uma técnica especial para curvar essa barra. Com a solução inventada por Dantas-Barreto, a barra cresceu e distribui as vibrações de forma mais eficiente. A solução melhorou não apenas os graves (o nome é barra harmônica ou barra dos graves, em inglês, bass bar), como também os agudos, que ficaram mais sonoros.

The greatest technical development in Aleijadinho is the curved bass bar. It serves to support the cello's top and distribute the low sound vibrations. This is why it is located exactly under the fourth string. In Baroque violins, for instance, the pressure of strings on the bridge and on the bass bar used to be smaller. Later, though, in order to amplify the sound, strings began to have a larger angle, which increased the pressure over the bar. So the bar was extended up to the limits of the harmonic box. With Dantas-Barreto's special technique for curving the bass bar, its length increased, thus distributing vibrations more efficiently. This not only improved low sounds, but made high sounds much more sonorous.

Passo a passo

Um dos grandes mistérios do Aleijadinho é o detalhe do *Êxtase de Santa Teresa*, a obra-prima do barroco. O desenho é feito em grafite, diretamente sobre a madeira. Depois, essa área recebeu uma fina camada de verniz. O rosto é desenhado em projeção, para ser observado através do furo do espigão. Se o desenho pudesse ser visto com o instrumento aberto, seria fácil notar que ele tem 40 centímetros.

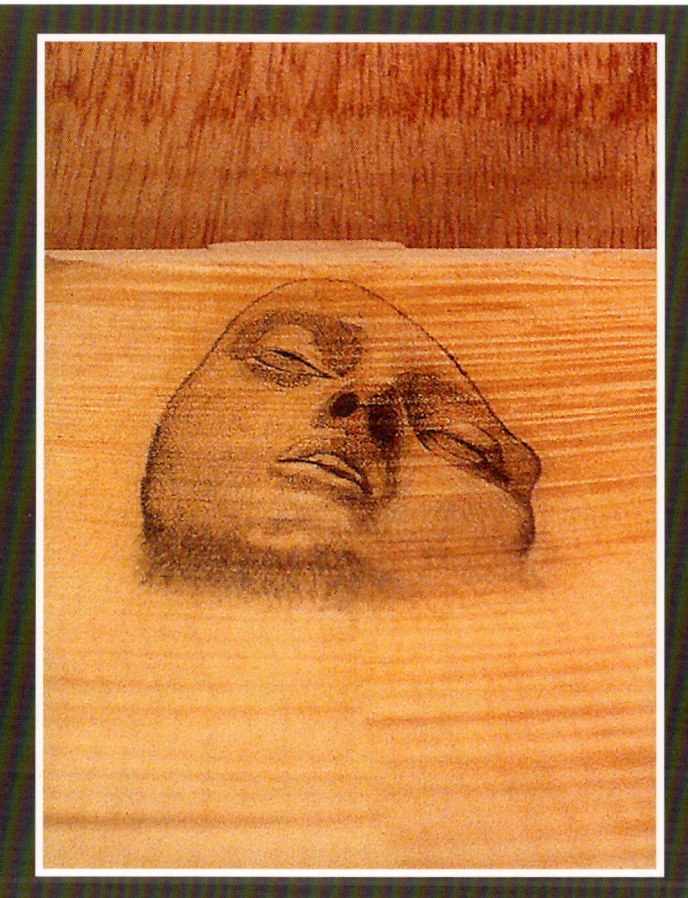

One of Aleijadinho's greatest mysteries is the detail of The Extasis of Saint Theresa, *a Baroque masterpiece. It is first outlined with a pencil on the wood. Then a thin layer of a varnish is applied on this area, only. The face is depicted in projection, so that it can be seen through the hole of the endpin. If the instrument was opened, it would be easy to notice that the depiction measures about 15 inches.*

O principal símbolo do Aleijadinho é invisível. A partir dos triângulos desenhados na parte interna do instrumento, Dantas-Barreto calculou uma projeção no teto do ateliê. Essa projeção, que só pode ser formada por meio do movimento do violoncelo, resulta em uma estrela de seis pontas. A fim de que o resultado ficasse matematicamente perfeito, Dantas-Barreto fez um tripé para segurar o *cello* em cada posição exigida.

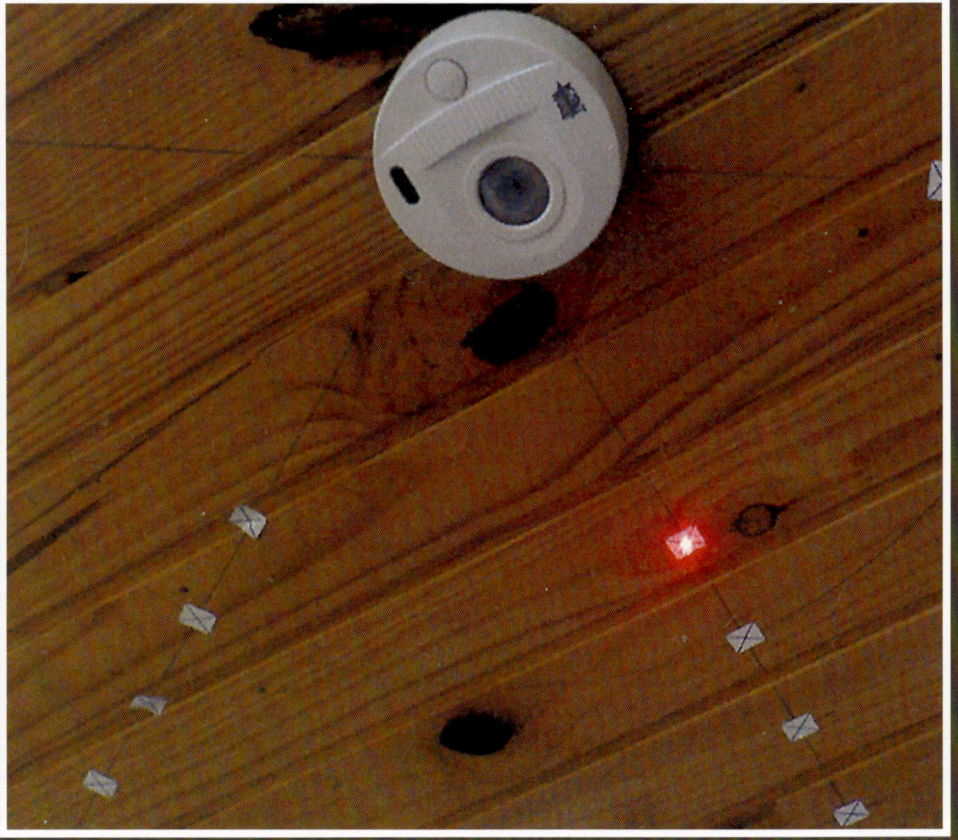

Aleijadinho's main symbol is invisible. From the triangles drew in the internal part of the instrument, Dantas-Barreto calculated a projection on the studio's ceiling. This projection, that can only be formed through the cello's movement, results in a six-pointed star. In order to have a perfect mathematical result, Dantas-Barreto built a tripod to hold the cello in each required position.

Passo a passo

Todos os desenhos são inicialmente feitos com grafite e recobertos com outros materiais, exceto as notas das suítes de Bach.

A seguir, o luthier começa a incisão, deixando as canaletas preparadas para receber a pasta de madeira e cola – a mesma cola, de origem animal, que se usa no violino tradicional. Como a seção é em V, quanto mais se afunda a goiva, mais larga fica a canaleta. O corte não pode ser tão raso que não permita inserir o material nem tão profundo que aumente a quantidade de madeira exógena.

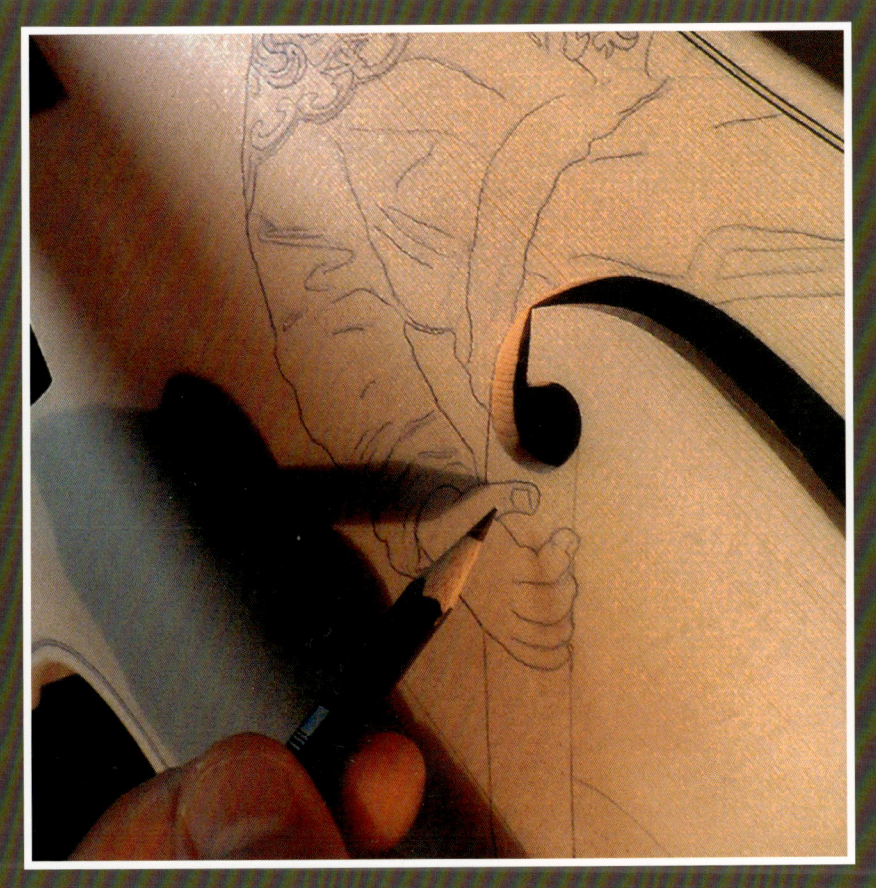

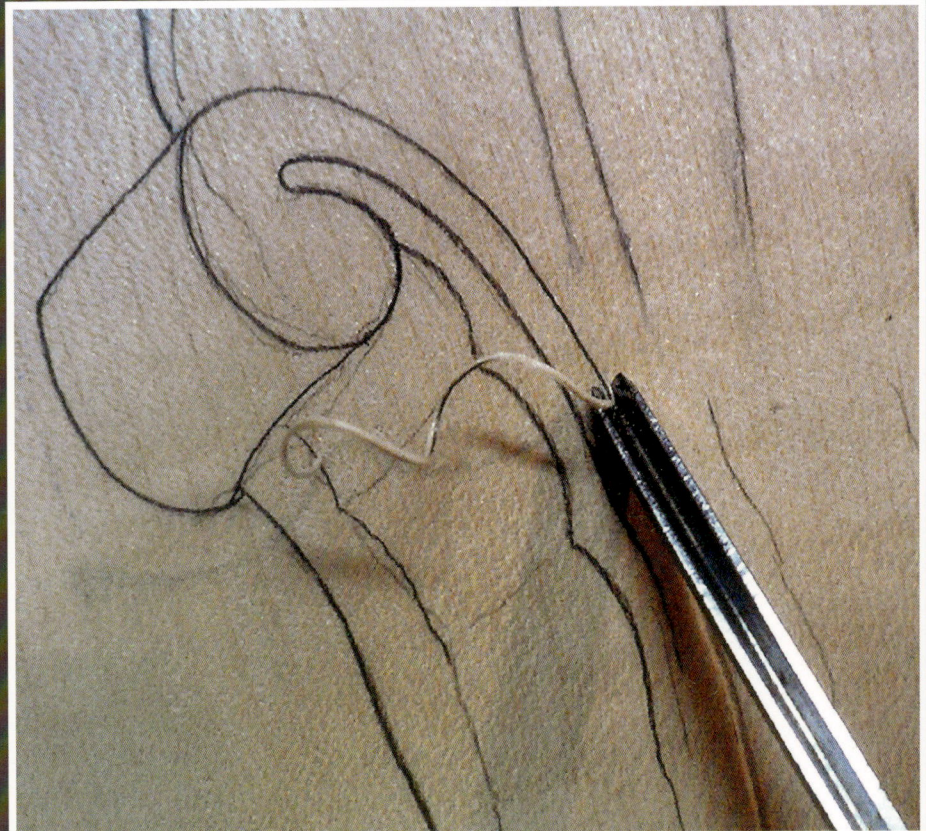

Every image is initially made with a pencil and coated with other materials, except for the notes of the Suites of Bach.

The luthier begins the incision, preparing the furrows to receive the glue-wood mix – the same glue, of animal origin, used on traditional violins. It is a V-shaped furrow, and the deeper the gouge goes, the broader the furrow gets. The cut cannot be too shallow, as to hinder the insertion of the material, nor too deep, as to increase the quantity of exogenous wood.

Concluído o trabalho de incisão, começa o lento processo de preenchimento dos espaços. O que anima o luthier a ter paciência é pensar que o instrumento vai durar muito tempo.

O profeta Daniel está pronto, mas ainda falta a inscrição da profecia. Entre as várias camadas de verniz, o texto da profecia será escrito em nanquim. Essa é mais uma das inovações do Aleijadinho: a ornamentação no abeto, madeira mais difícil de ser trabalhada. A técnica do nanquim também foi usada para desenhar sobre as peças de couro do interior, que não podem ser marchetadas.

When the incision work is over, a slow process of filling up the empty spaces takes place. The luthier draws a lot of patience from the knowledge that the instrument will last for a long time.

The prophet Daniel is ready, and the prophecy still has to be written. Among several layers of varnish, its text will be written in India ink. The ornamentation on fir – a wood considered too hard to be worked with – is another innovation in Aleijadinho. The India ink technique was also used to draw on leather pieces on the internal side, which cannot be inlayed.

Passo a passo

Todas as cores do Aleijadinho são as tradicionais da arte da luteria, obtidas por meio de diversas camadas de verniz. A exceção é o azul. Dantas-Barreto queria um elemento de contraste. No Atlante de Aleijadinho, havia aquele tecido azul; então seria essa a figura que estaria no violoncelo.

All the colors of Aleijadinho are traditional in the art of lutherie, and they are obtained through several layers of varnish. Blue is the exception. Dantas-Barreto intended to show a contrasting element. Both images of Atlas, Aleijadinho's and the one on the cello, carry a blue fabric.

O espelho, produzido em ébano, forma uma só peça com a caixa de cravelhas. Dantas-Barreto calçou o espelho com uma madeira não paralela para facilitar o dedilhado do músico.

Além de ter os furinhos e as canaletas concebidos como uma forma de facilitar a desmontagem, o Aleijadinho traz uma outra inovação: o trabalho de entalhe para a retirada de madeira, que o deixa com o peso exato para que tenha o melhor desempenho com o menor esforço.

The ebony fingerboard forms a single piece with the pegbox. Dantas Barreto chocked the fingerboard with a non parallel wood to facilitate the musicians fingering.

Another novelty, besides the holes and furrows conceived to make disassembling easier: the entail work performed in the extraction of wood chips brings the fingerboard the exact weight for the best performance with minimum effort.

Passo a passo

Para evitar que o dedo se quebre, foi introduzido nele um pino de aço tampado com uma "unha" de madeira.

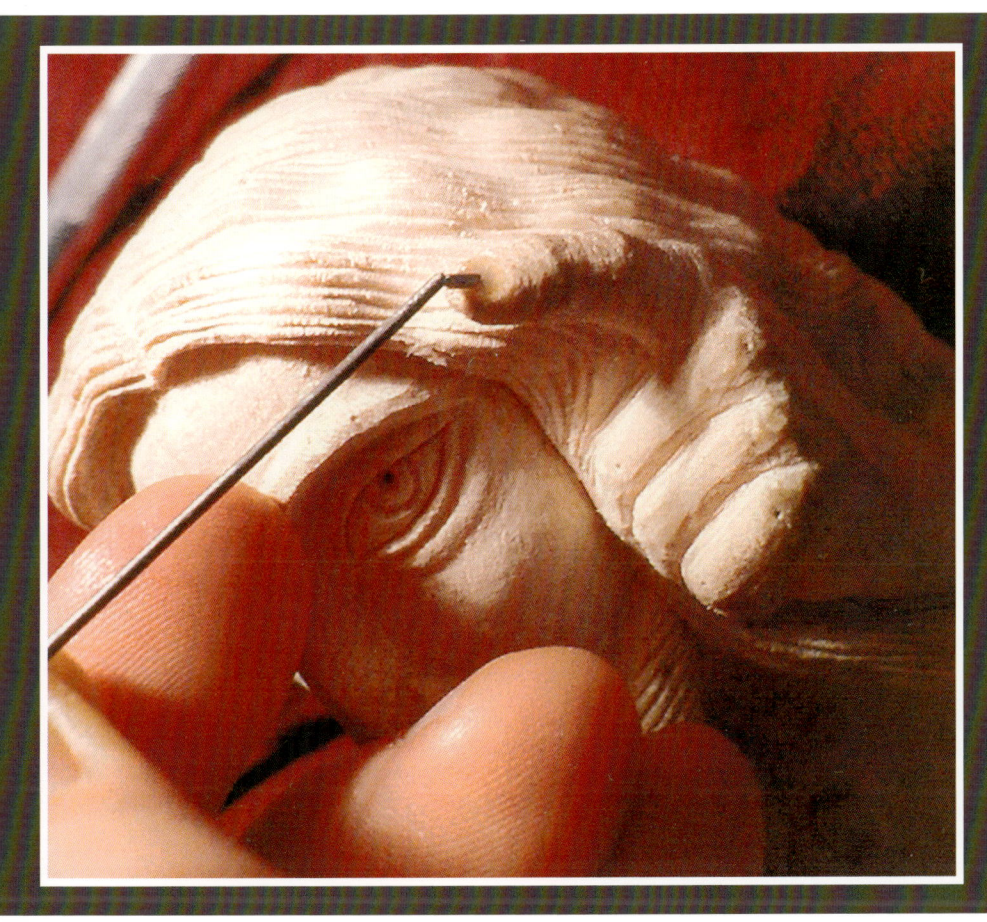

In order to protect the finger from breaking, the artist made a small hole to fit the metallic support and covered it with a wooden piece: the nail of the finger.

A precisão com que o artista esculpiu cada um dos 23 cachos da cabeleira desta figura foi fundamental para o resultado do trabalho. Os cachos seguem exatamente os veios da madeira e têm uma importância fundamental para que se decifrem os códigos contidos na profecia do Aleijadinho.

The 23 locks at the head of the image were sculpted with incredible precision, as they follow the exact direction of the wood veins. These locks were fundamental to the final outcome of the work and the deciphering of the codes contained in Aleijadinho's prophecy.

As cravelhas contemplam uma homenagem ao mestre Aleijadinho.
Foram enfeitadas com um botão de pedra-sabão, um dos materiais
preferidos do escultor barroco.

*The tuning pegs are a homage to the Master Aleijadinho.
They bear a button carved in talc, one of the materials most
appreciated by the Baroque sculptor.*

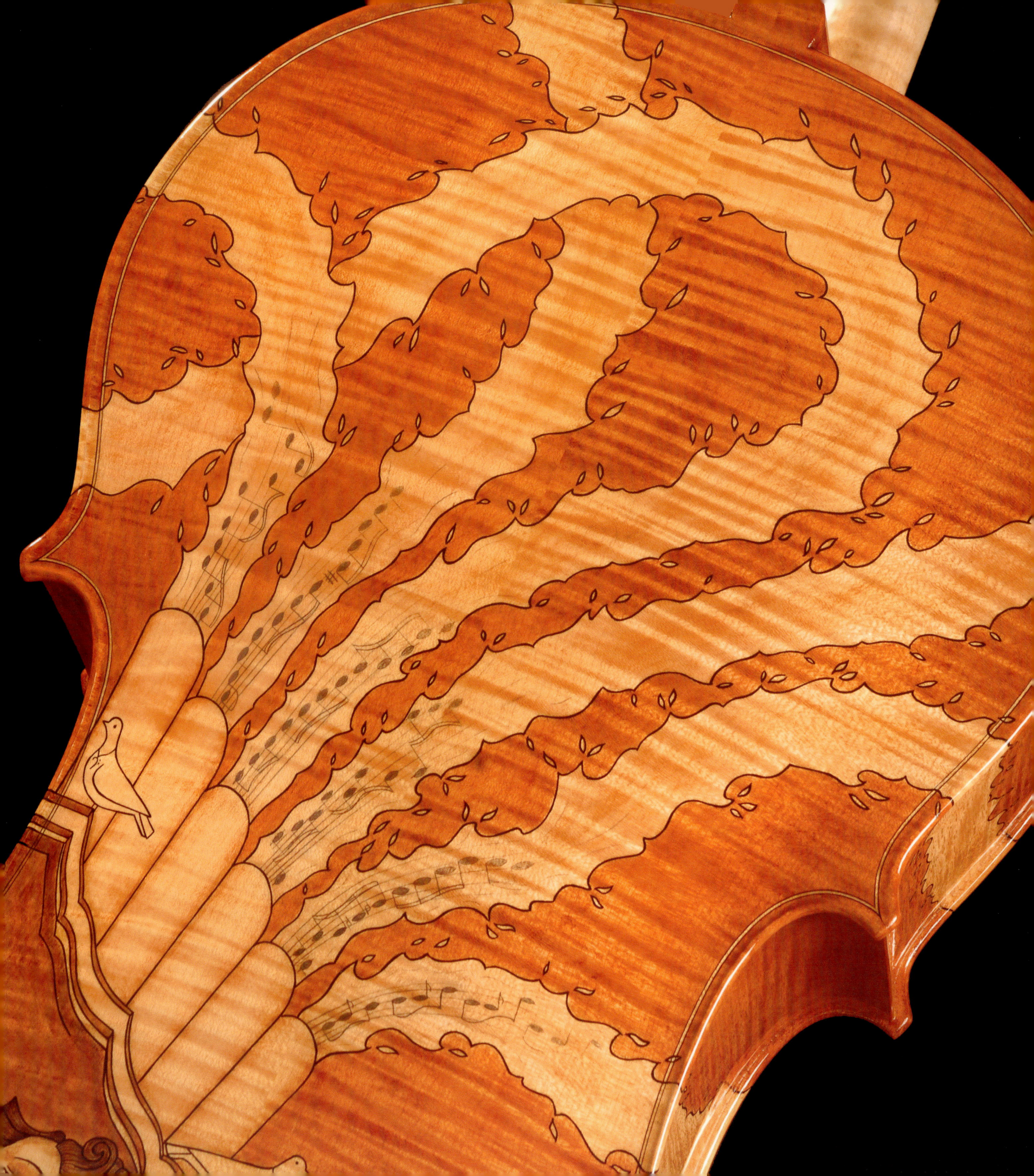

Capítulo 4
Uma nova forma de arte

Chapter 4
A new form of art

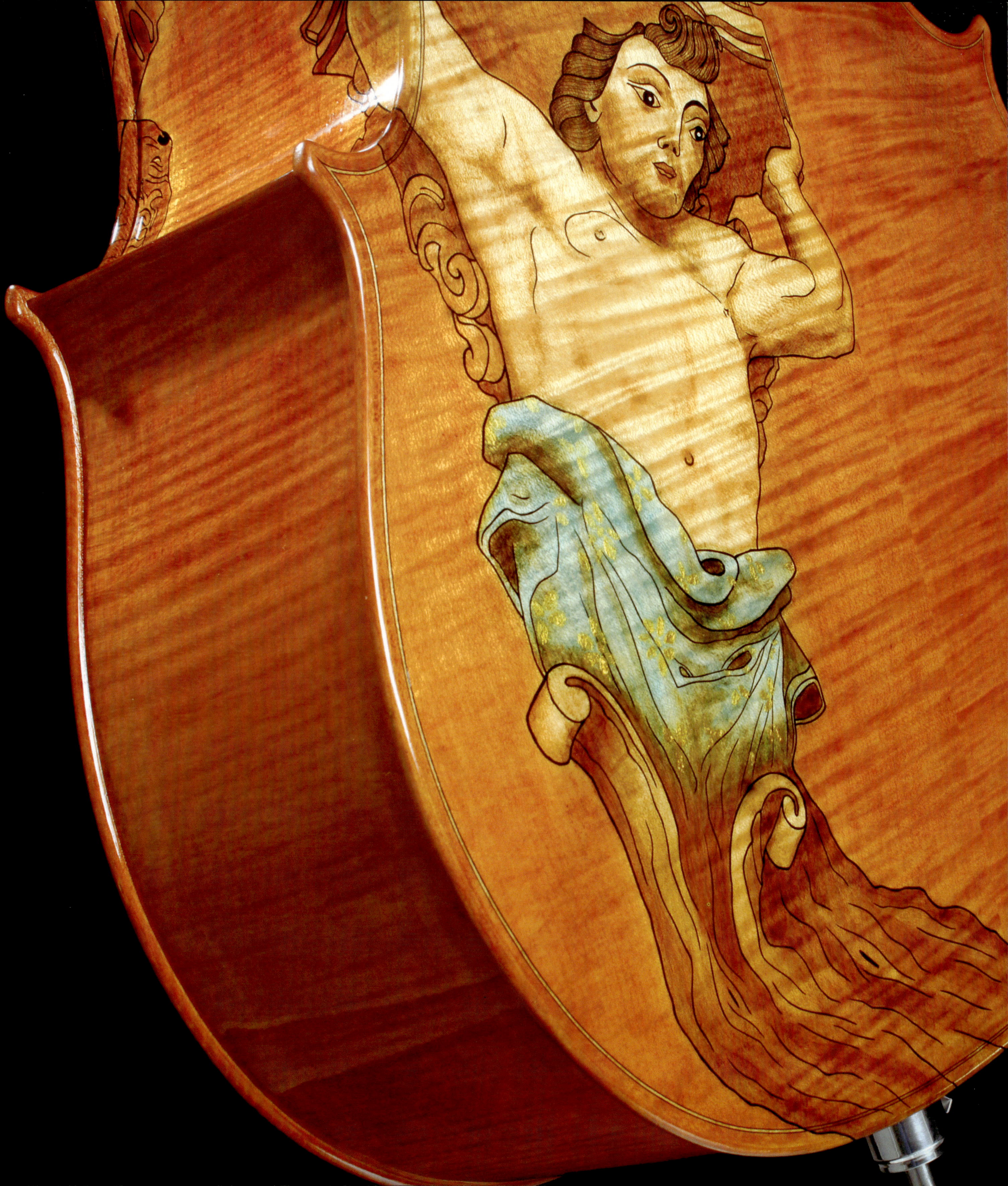

Pronto o violoncelo, o luthier Dantas-Barreto começa o delicado processo de ornamentação do Aleijadinho, respeitando o "fluxo de energia" que corre pelo instrumento. O espigão encrava-se no chão. A energia que emana da terra sobe por ele e alcança as raízes. Essas raízes transformam-se em um tronco de árvore, ou seja, em madeira – o mesmo material com que se faz o instrumento e que, pelo trabalho do homem, transforma-se no titã Atlante. É quase uma metáfora do próprio trabalho de luteria: uma árvore que vira um instrumento.

"O Atlante se encaixava bem na ideia do cello fincado no chão – a ideia de movimento da terra para o céu", afirma Dantas-Barreto, ao explicar como imaginou a ornamentação do instrumento.

Tanto Atlante quanto o profeta Daniel, que está na parte da frente do instrumento, são certamente obras do próprio Aleijadinho, e não de seus discípulos. Dantas-Barreto não copiou o trabalho do escultor, apenas inspirou-se nele. "Não teria sentido copiar ninguém, muito menos um gênio como Aleijadinho", afirma.

No desenho de Dantas-Barreto, como na obra de Aleijadinho, Atlante não carre-

With the cello built, the delicate process of ornamentation begins, always respectful to the "energy flux" running through the instrument. The endpin sticks to the floor. The energy that emanates from the earth runs up through it and reaches the roots.

These roots become a tree trunk; they become wood – of which the instrument is made, and this wood, through human work, turns into the titan Atlas. This is almost a metaphor of the lutherie work itself: a tree that becomes an instrument.

"Atlas matched the idea of a cello stuck on the ground – the idea of motion from the earth towards the sky," states Dantas-Barreto when he explains the thought process that resulted in the ornaments.

Atlas, and also the prophet Daniel depicted at the front of the cello, are certainly works made by Aleijadinho himself, and not by his disciples. Dantas-Barreto did not imitate the sculptor's work, he just sought inspiration from it. "It would make no sense to imitate anyone, let alone a genius like Aleijadinho," he states.

In the depiction of Dantas-Barreto, which is similar to that of Aleijadinho, Atlas

---

Atlas, ou Atlante

Na mitologia grega, o titã Atlante, ou Atlas, foi o primeiro rei da mítica Atlântida e é geralmente retratado com um globo sobre os ombros, já que foi condenado por Zeus a carregar o céu para sempre.

The titan Atlas in Greek mythology, was the first king of the mythical Atlanta, and is generally depicted carrying a globe on his shoulders since he was condemned by Zeus to hold the sky forever.

ga o céu, mas um mezanino. Duas pombas descansam sobre ele. Na tradição herdada de Portugal, as pombas representavam o Imperador do Divino nas festas populares. Seria um primeiro significado religioso?

Do mezanino, entre as pombas, saem seis tubos, dos quais surgem seis erupções, galhos ou labaredas – que se interprete como se quiser. Cada uma das erupções é um trecho de uma das *Seis suítes para violoncelo* de Johann Sebastian Bach. Dantas-Barreto as considera a grande obra para este instrumento.

As notas das suítes viajam em meio a essas erupções/galhos/labaredas, em um movimento que remete às forças da natureza, como o fogo. Minúsculas folhas acompanham as erupções, sem se prenderem a elas. Poderia ser uma referência à passagem bíblica em que Moisés percebe a sarça ardente, que não se consome?

As erupções/galhos/labaredas se expandem, num crescendo que abraça o violoncelo. Quando chegam à parte da frente, os seis braços musicais são interrompidos em determinado lugar, antes de encostar no espelho. Dantas-Barreto parou deliberadamente nesse ponto, usando só o trecho inicial de cada uma das suítes para que o total alcançasse 613 notas. "São 613 os mandamentos de Deus enunciados por Maimônides."

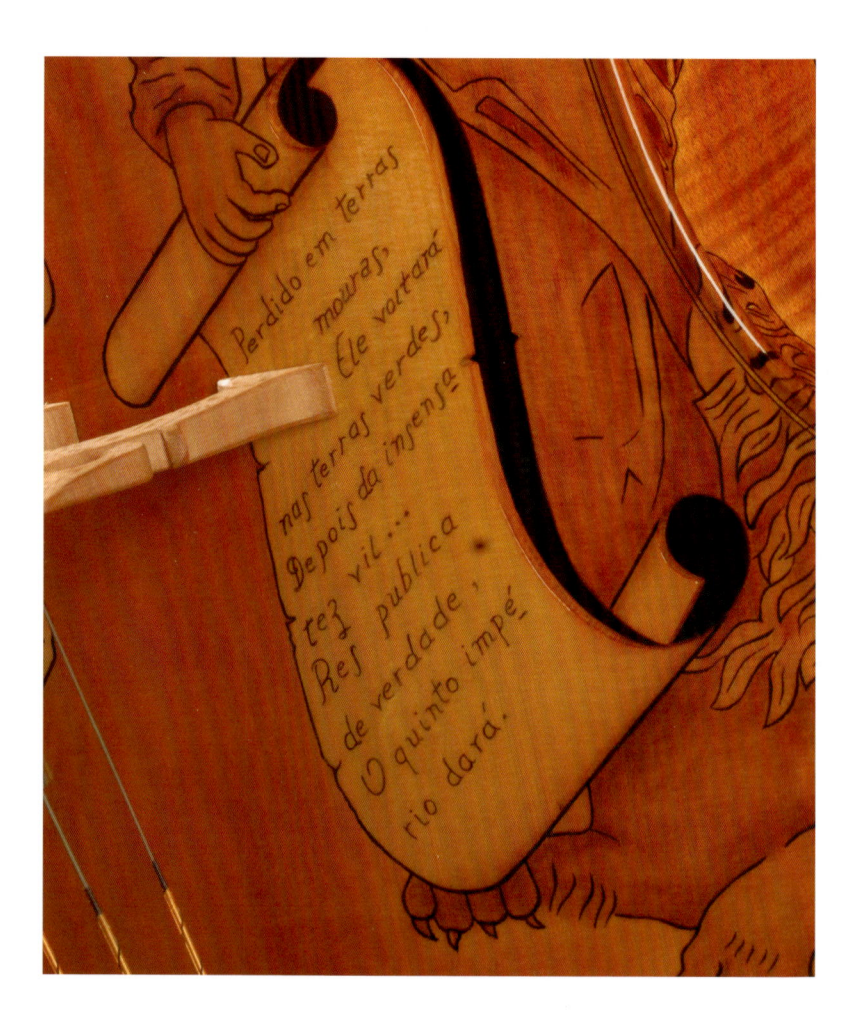

does not carry the sky, but a mezzanine. Two doves rest on him. Doves, in the tradition inherited from Portugal, represent the Divine Emperor in popular festivals. Could this be a first element of religious significance?

Six tubes rise from the mezzanine, in between the doves, and six eruptions, branches or flames spring up from the tubes – open for one's own interpretation. Each one of the eruptions is an excerpt from Johann Sebastian Bach's Six Suites for Cello. *Dantas-Barreto considers them to be the greatest artwork on the instrument.*

The Suites notes travel among these eruptions/branches/flames on a movement resembling the forces of nature, like fire. Tiny leaves float along the eruptions, never getting attached to them. Could this be a reference to the biblical passage in which Moses notices the flaming bush that never consumes itself?

The eruptions/branches/flames expand with a crescendo that embraces the cello. When they reach the front, these six musical arms are interrupted at a certain point, before reaching the fingerboard. Dantas-Barreto deliberately stopped at this point employing only the initial part of each suite, so that the total of notes would amount to 613. "These are the 613 commandments of God enumerated by Maimonides."

Uma nova forma de arte

Um verdadeiro enigma. A ornamentação de destaque na parte da frente do instrumento é o profeta Daniel segurando um pergaminho, com o leão a seus pés. O desenho foi elaborado de tal forma que o "f" – da saída do som – faz as vezes de borda do pergaminho. Dentro desse pergaminho há uma inscrição profética que tem um quê de sebastianismo, de messianismo:

Perdido em terras mouras,
Ele voltará nas terras verdes,
Depois da insensatez vil...
Res publica de verdade
O quinto Império dará

A profecia forma a palavra "Pedro", nome dos imperadores do Brasil. As terras mouras podem ser o Marrocos, onde desapareceu dom Sebastião. As terras verdes, naturalmente, se referem ao Brasil. A insensatez vil, bem, é o profeta quem diz... O Quinto Império pode ser interpretado de diversas formas. Pode até ser

> **Maimônides (1135-1204)**
> Também chamado de Moshe ben Maimon ou Maimônides Rambam, foi médico, matemático e filósofo do judaísmo. Nascido em Córdoba, teve de sair da Espanha e passou a viver no Egito.
>
> *Or Moshe ben Maimon, or Rambam, was a doctor, mathematician and philosopher of Judaism. He was born in Cordoba, Spain, but he had to leave the country and spend the rest of his life in Egypt.*

A real enigma. The distinguishable frontal ornament depicts the prophet Daniel holding a scroll, with the lion at his feet. And the depiction was elaborated in such a way that the f-hole – the sound exit – is, sometimes, the scroll's edge. In this scroll there is a prophetic inscription related somehow to Sebastianism, perhaps Messianism:

Lost in moorish lands
He will return to the green lands
After the vile foolishness...
A real Res Publica
Will the Fifth Empire give

The initials in the prophecy (portuguese version) form the word Pedro (Peter), which was the name of Brazil's two emperors. Moorish lands could refer to Morocco, where Don Sebastian vanished. The green lands naturally refer to Brazil. As for the vile foolishness, well, such were the prophet's words... The Fifth Empire could be interpreted

a dimensão espiritual do homem, como na obra de Fernando Pessoa. Ou pode ser o sonho de Nabucodonosor, interpretado por Daniel, que fala dos impérios desde o início da história da humanidade até o Juízo Final.

No "f" oposto, há outro pergaminho. Segura-o uma mão esquerda feminina, com duas alianças (ou seja, a mão de uma viúva). Nele, está inscrito um código: "O9 P4 E12, R10 P14 P3, E20 D21 O7, D5 D8 R11, P9 E11 R3, R2 D8 E8, D9 E6 O15 e P7 O5 R8".

Não é impossível adivinhar o esquema do código. Na linha que começa com O, contam-se nove letras (pulando-se os espaços) e chega-se ao M; depois vem a quarta letra da linha que começa com P, e assim por diante. Obtém-se a seguinte sequência de letras: **MDA, AAR, VLO, IAD, MNS, EAA, ILD** e **ONI**.

Dom Sebastião

Nascido em 1554, foi o 16º rei de Portugal. Foi morto no Marrocos durante a batalha de Alcácer-Quibir, em 1578. Mas os portugueses nunca se convenceram de que fosse mesmo seu corpo enterrado no Mosteiro dos Jerônimos, em Lisboa. Surgiu a lenda de que ele desapareceu na batalha e voltaria um dia para salvar Portugal.

Was born in 1554 and was the 16th King of Portugal. He was killed in Morocco during the Alcacer-Quibir battle, in 1578. But the Portuguese people never got convinced that the body buried at the Jeronimos Monastery, in Lisbon, was his. This originated the myth that he disappeared in battle and would one day return to save Portugal.

in several ways. Could even mean the spiritual dimension of man, as in Fernando Pessoa's works. Or it could refer to Nebuchadnezzar's dream, as interpreted by Daniel, about all the empires from the beginning of humanity's history until the Final Judgement.

There is another scroll at the opposite f-hole. A female left hand with two rings (which means it is the hand of a widow) holds it. A code is inscribed on the scroll: O9 P4 E12, R10 P14 P3, E20 D21 O7, D5 D8 R11, P9 E11 R3, R2 D8 E8, D9 E6 O15 and P7 O5 R8.

It is not impossible to guess the solution to the code. On the line starting with an O, 9 letters can be counted (if we skip the spaces), eventually getting to the letter M, which is followed by the fourth letter of the line starting with a P, and so on. The following letter sequence is obtained: **MDA, AAR, VLO, IAD, MNS, EAA, ILD** *and* **ONI**.

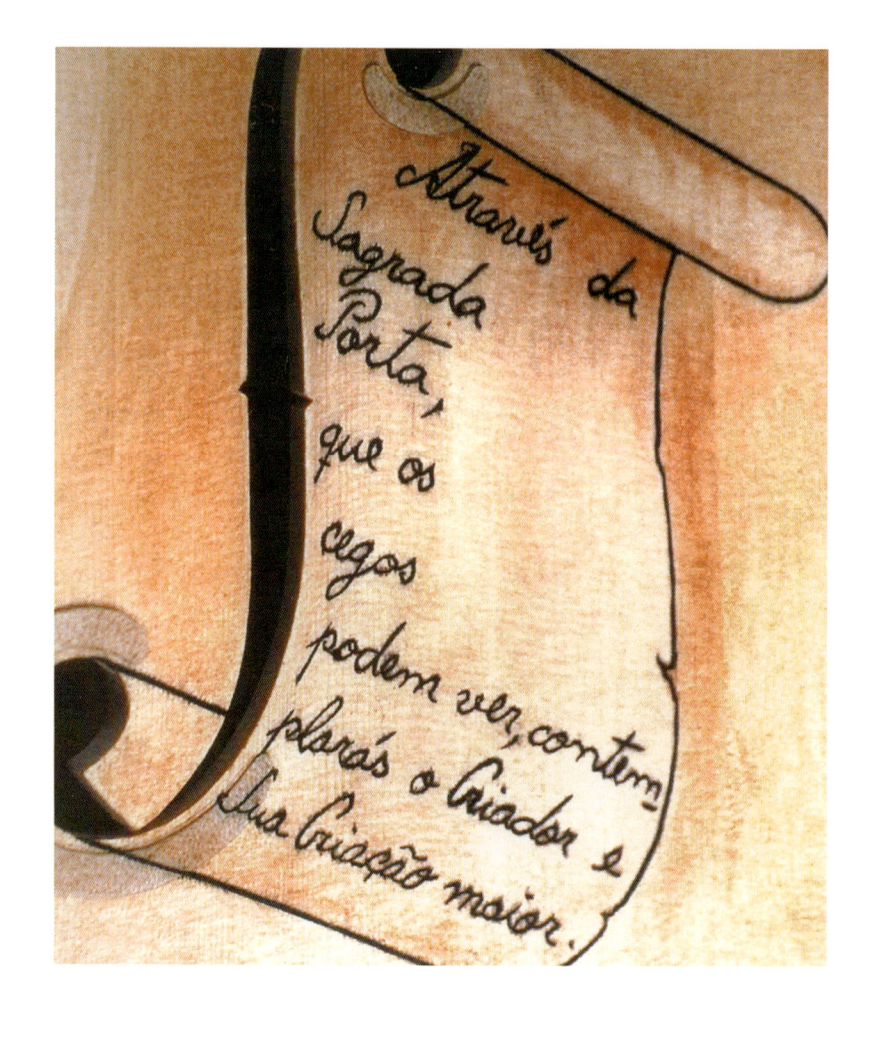

Mas essa ainda não é a solução do enigma. A chave são os números 2 e 3, pois existe uma oculta, porém direta, relação entre esse pergaminho e a cabeleira do homem esculpido no lugar da voluta. A cabeleira tem 23 cachos. Então, contando-se cada segunda e depois cada terceira letras dessa série, e desprezando-se cada uma já anotada, descobrem-se as palavras: **David, Salomão, Madalena** e **INRI.**

Por tais resultados, acredita-se que este seja um instrumento religioso, cristão. Mas Dantas-Barreto insiste: são referências e homenagens, mas não existe um propósito religioso na ornamentação. E a maior homenagem a Aleijadinho só poderia ser feita por meio de uma escultura. Ela aparece na substituição da voluta, com uma das figuras mais misteriosas do instrumento e a chave para a solução do enigma. Muitos acham que é a imagem de Cristo. Mas pode ser de um profeta ou do próprio Aleijadinho...

Entusiasmado com aquela força que não conseguia entender ou explicar, Dantas-Barreto pela primeira vez ornamentou a parte interna de um instrumento. Para ele, foi como realizar um sonho, pois sempre vira nos violoncelos um espaço arquitetônico. Neste caso, o espaço poderia ser uma igreja, com uma antessala e um altar. O que está desenhado lá tem a ver com a ornamentação da parte externa.

But this is not yet the solution of the enigma. The keys are the numbers 2 and 3, since there is a hidden, although direct, connection between this scroll and the mane of the man sculpted in place of the scroll. The mane has 23 curls. So, counting every second and then every third letter of this series, and setting aside the ones already counted, the following words are found: ***David, Solomon, Magdalena*** *and* ***INRI.***

On account of these results, one could believe this is a religious, Christian instrument. But Dantas-Barreto insists that these are references and tributes, and the ornaments bear no religious purpose. And the greatest homage to Aleijadinho could only be paid through a sculpture. The sculpture replacing the scroll is one of the instrument's most mysterious images and also the key for deciphering the enigma. It has been thought to depict Christ. But it could also be the image of a prophet, or of Aleijadinho himself…

Thrilled by that force he was unable to understand or explain, for the first time Dantas-Barreto ornamented the inner side of an instrument. It was like a dream come true, for him, since he had always regarded cellos as an architectonic space. In this case, the space could be a church, with an entrance hall and an altar. After all, everything that is depicted on the cello has to do with the outer ornamentation.

Assim, na face interna da frente do instrumento, ao lado da barra harmônica, há o mesmo pergaminho que, do lado de fora, está nas mãos do profeta Daniel. Dessa vez, traz outra inscrição criada por Dantas-Barreto: "Através da Sagrada Porta, que os cegos podem ver, contemplarás o Criador e sua Criação maior".

Nas laterais, Dantas-Barreto desenhou oito triângulos equiláteros de cada lado. Cada um de um tamanho, em um crescendo. Olhando de frente, do lado esquerdo do instrumento, eles têm o vértice voltado para cima, e, do lado direito, para baixo.

Não pense que isso é tudo. No fundo há nada menos do que um detalhe de uma obra de Bernini: o rosto de Santa Teresa. Ele foi desenhado em projeção, porque o ponto de vista é o orifício que fica embaixo do instrumento onde se encaixa o espigão. Do mesmo ponto de vista, acima da cabeça de Santa Teresa, desenhado no bloco superior, há um símbolo matemático. É um triângulo preenchido com os números de 2 a 10. Acima do vértice, um pequeno círculo com os algarismos 0 e 1.

Esse conjunto é uma imagem da criação: o círculo com o 0 e o 1 representa o Criador, e o triângulo, com os outros números, a humanidade. A criação maior é representada pelo rosto da santa. Mas Dantas-Barreto não queria ligar a ornamentação à religião. Ou seja, o que está representado aí é a humanidade de forma não religiosa.

Por fim, há um símbolo que transcende o violoncelo. Ele é a união de tudo o que está representado na ornamentação interna e externa. Para imaginá-lo, é preciso olhar o instrumento de frente. As pautas musicais com as suítes de Bach chegam às linhas brancas ao lado do espelho. E vão se encaixando conforme o movimento do instrumento. Seguindo a medida das linhas, o resultado do movimento do dedo, ao lado da cabeça que substitui a voluta, é uma estrela de seis pontas.

Mais uma vez, o luthier garante que não há nada de religioso nisso. Mas o desenho é de uma estrela de Davi, símbolo do judaísmo. Pode ser também a estrela de um chapéu de vaqueiro do Nordeste,

---

Quinto Império

A expressão "Quinto Império" foi cunhada pelo padre Antônio Vieira, referindo-se ao futuro de Portugal, que teve quatro dinastias: (1) Borgonha, ou Afonsina, (2) Avis, ou Joanina, (3) Filipina, ou de Habsburgo e (4) de Bragança, ou Bragantina.

The Fifth Empire is an expression created by the priest Antônio Vieira, referring to the future of Portugal, which had four dinasties: (1) Borgonha or Afonsina, (2) Avis or Joanina, (3) Filipina or of the Habsburgs and (4) Bragança or Bragantina.

Gian Lorenzo Bernini (1598-1680)

Um dos mais importantes escultores da Itália, esculpiu *O Êxtase de Santa Teresa*, considerado por especialistas o auge do barroco, que está na Igreja Santa Maria della Vittoria, em Roma.

One of the most distinguished sculptors in Italy, he sculpted The Extasis of Saint Theresa, considered by many specialists as the apex of Baroque. It is in Rome, at the Church of Santa Maria della Vittoria

---

So, the same scroll held by Prophet Daniel in his hands on the outside of the cello is depicted on the inner top plate of the instrument, near the bass bar. The scroll has an inscription created by Dantas-Barreto: "Through the Sacred Door that the blind can see, thou wilt contemplate the Creator and His greatest Creation."

On each side, the luthier drew eight equilateral triangles, varying in size with a crescendo. Facing the instrument, the triangle's vortexes on the left side are pointing up, and on the right side they point down.

That is not all. At the bottom, no less than the detail of a Bernini work is depicted – the face of Saint Theresa. It has been designed in projection, since the point of view through which the drawing can be fully seen, is the hole underneath the instrument, where the endpin fits in. From the same standpoint, at the upper block over the head of Saint Theresa there is a mathematical symbol. It is a triangle filled with the numbers 2 to 10.

A small circle with the numbers Zero and 1 floats on top of the vortex. This set symbolizes Creation: the circle with Zero and 1 represents the Creator, and the triangle, containing the other numbers, is Humanity. And the main creation is represented by the face of Saint Theresa. But Dantas-Barreto had no intention of connecting the ornamentation to religion. What is represented there is humanity in a non-religious form.

Finally, a symbol transcends the cello. It is the union of all that is represented internally and externally by the ornaments. To imagine it, one must stand facing the instrument. The music scores with Bach's suites reach the side of the fingerboard in the shape of white lines. By following the length of the lines, the result of the movement of the finger, alongside to the head replacing the scroll, is a six-pointed star.

Once again, the luthier states that there is nothing religious about this. But the depiction is a Star of David, symbol of Judaism. It could also be the star of a Brazilian Northeastern cowboy hat, or a

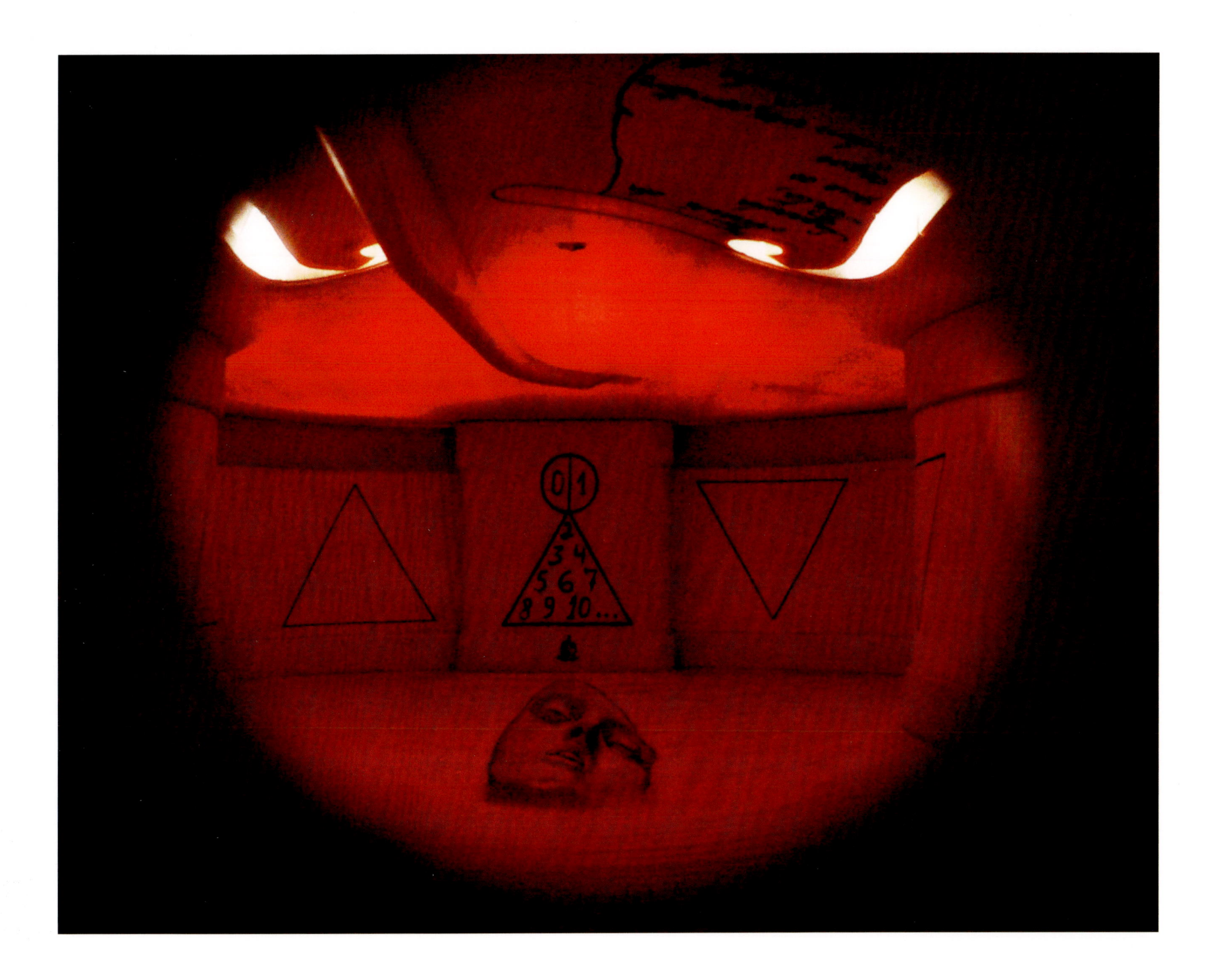

ou um símbolo geométrico que signifique o masculino e o feminino, pois são dois triângulos sobrepostos, ou a união daqueles triângulos desenhados nas laterais internas.

Tudo isso está no Aleijadinho, o violoncelo. Tudo isso enriquece um trabalho que normalmente é feito só para ser ouvido. Este pode ser visto também. E tem ainda uma homenagem ao mecenas da obra: Atlante olha para um nó da madeira, mas parece que mira para fora do *cello*, para o futuro. No meio de sua pupila, preenchida com ébano, há um pouco de estanho, tradução de "zinn", em alemão. É uma sutil homenagem a André Zinn, "aquele que teve olhos para ver longe".

geometrical symbol which means masculine and feminine, since they are two overlapped triangles, or the union of those triangles designed on the internal sides.

All of this is in Aleijadinho, the cello. It enriches a piece that is usually just meant to be listened to. This one can also be seen. In addition, it contains a homage to the patron of the instrument: Atlas is looking at a wooden node, but it seems as if he is looking outside the cello, into the future. The center of his pupil is filled with ebony and some pewter. The German word for "pewter" is "zinn". It is a subtle homage to André Zinn, "the one who had eyes to see far away."

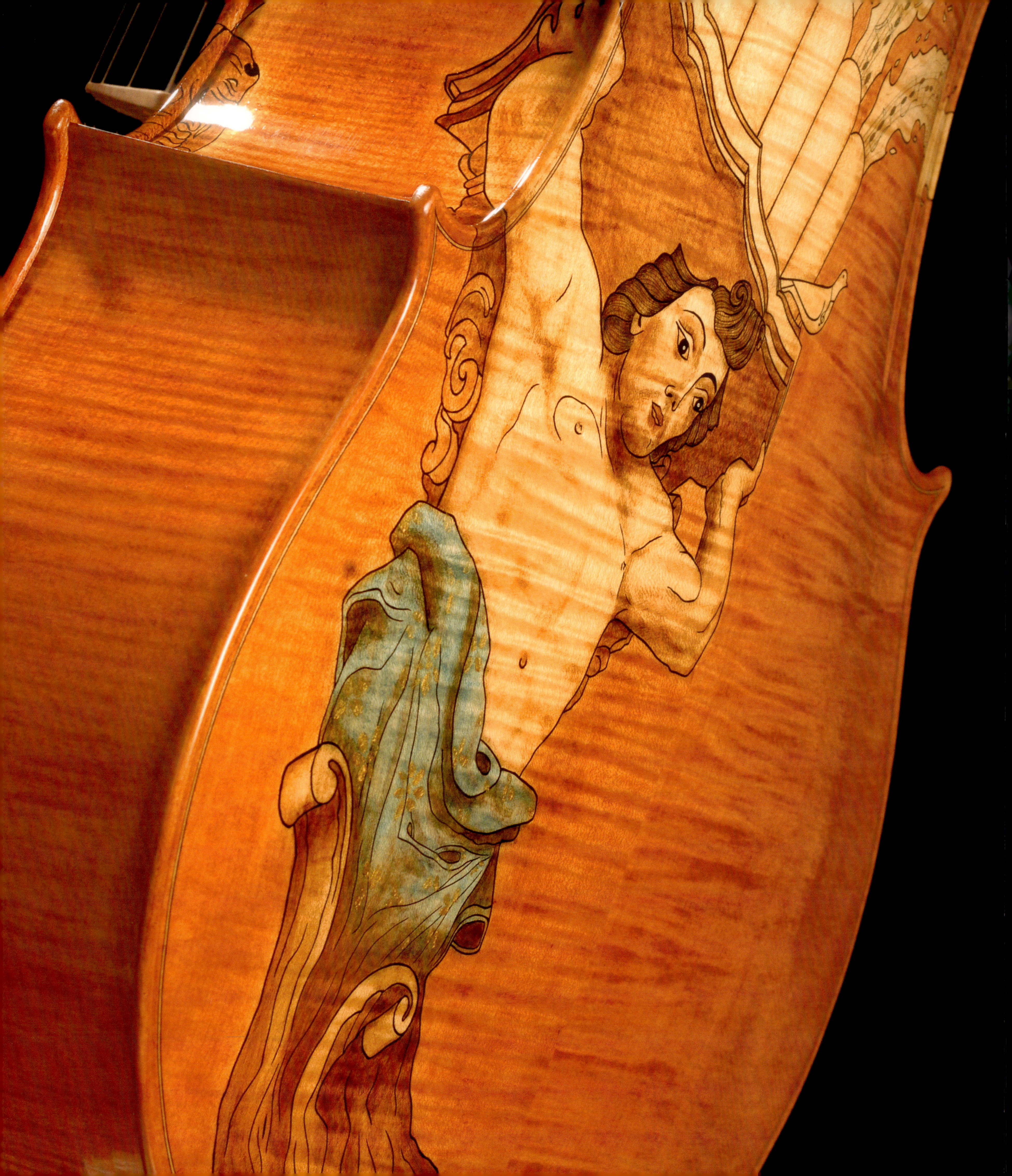

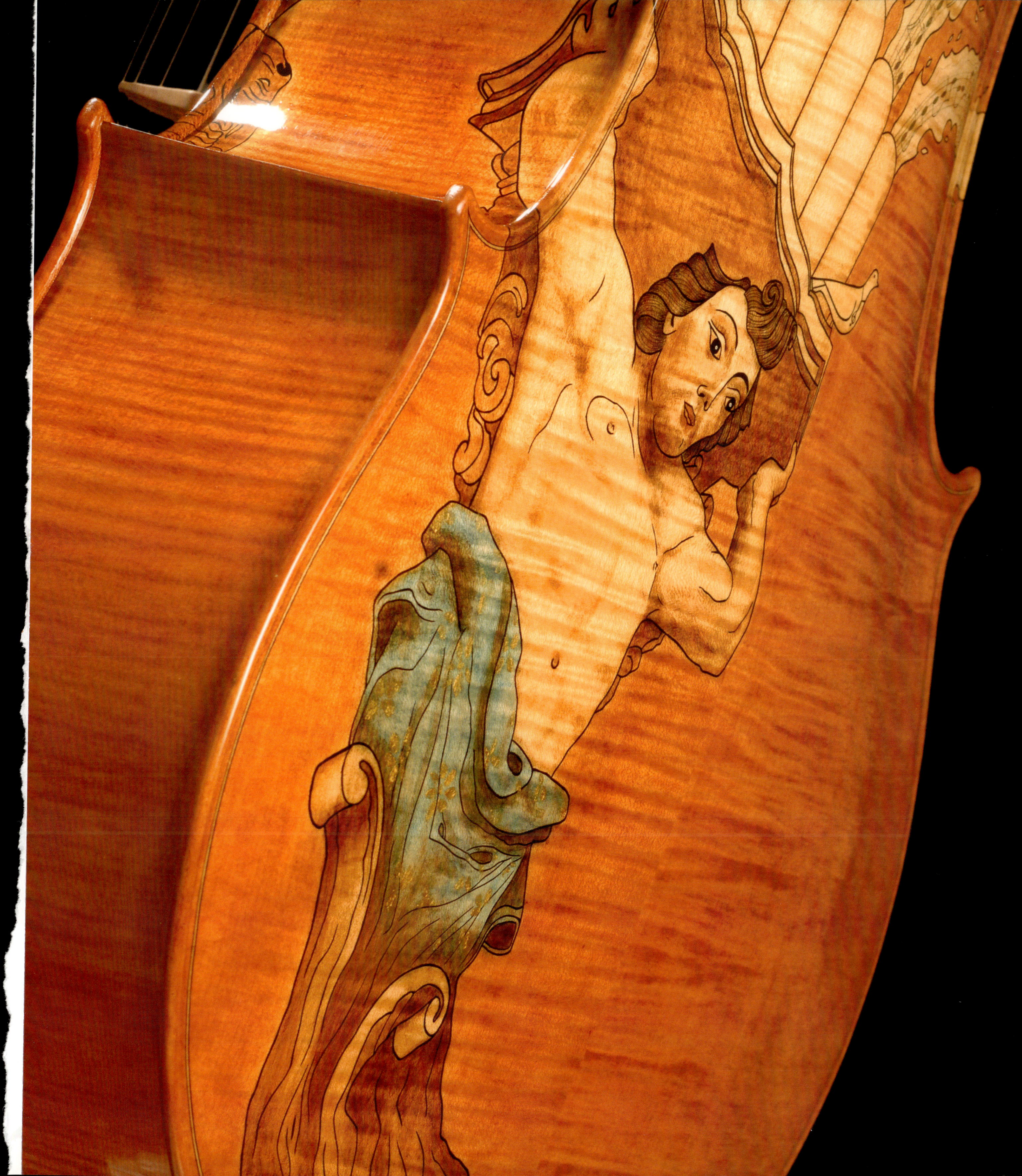

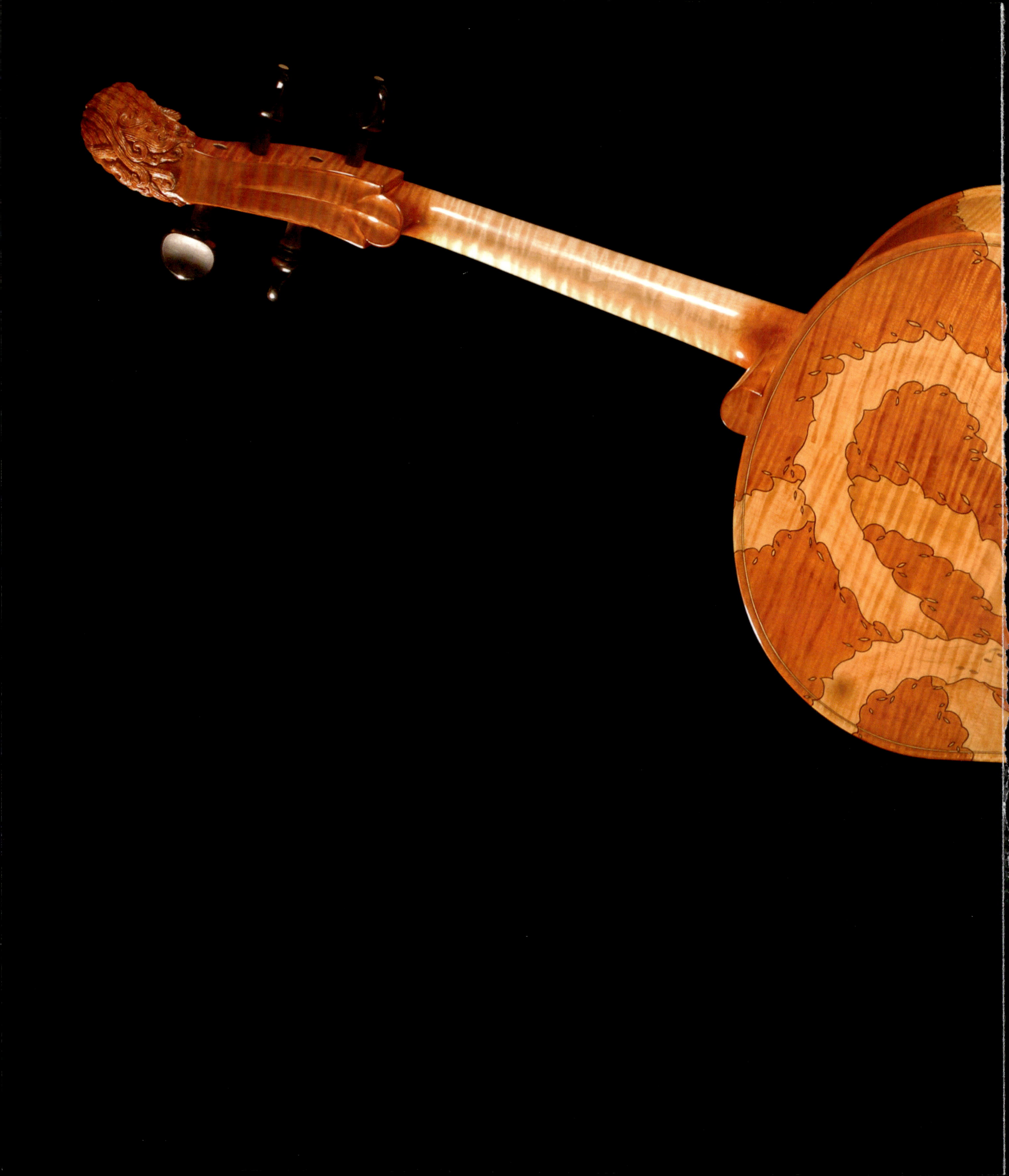

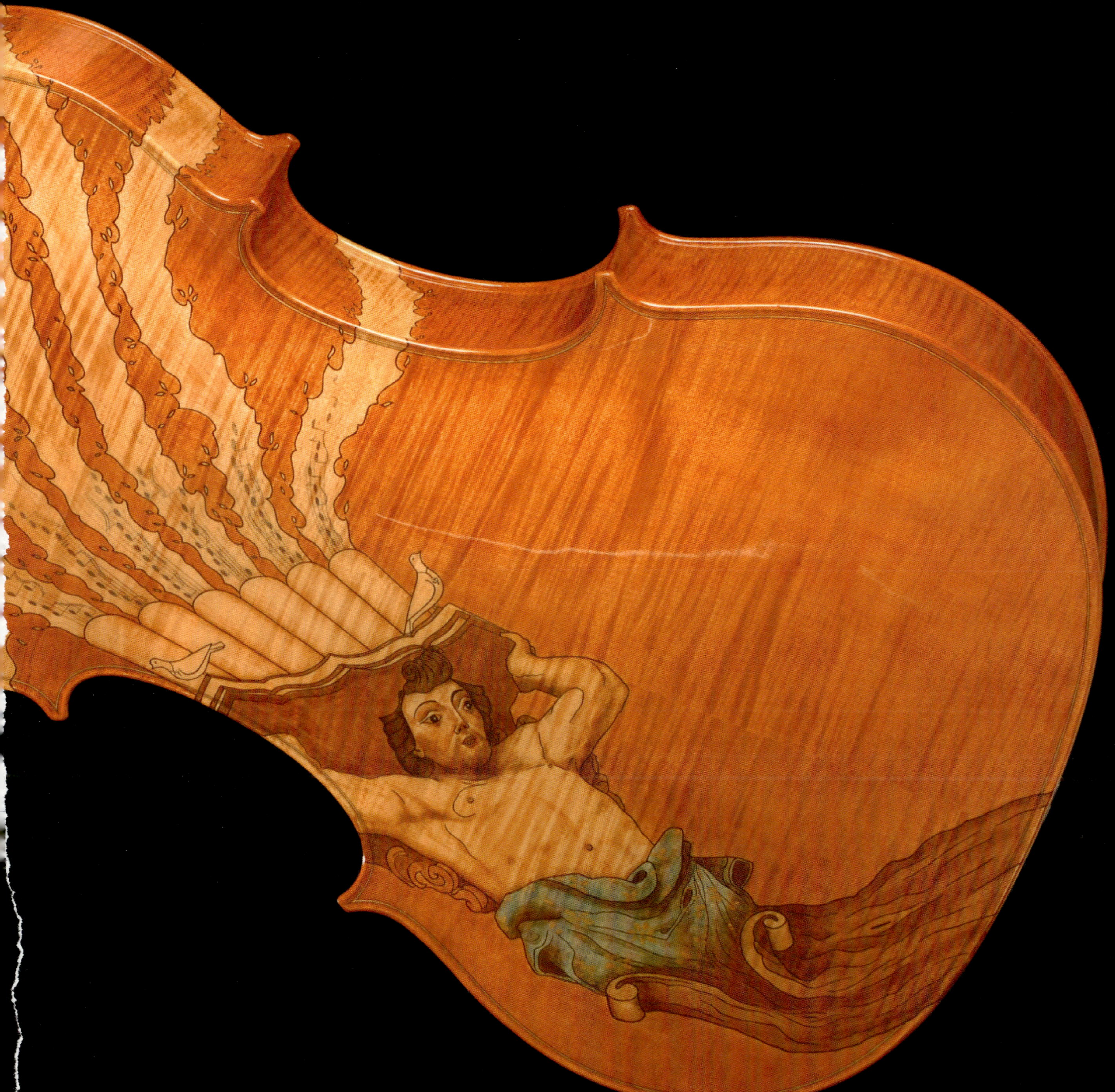

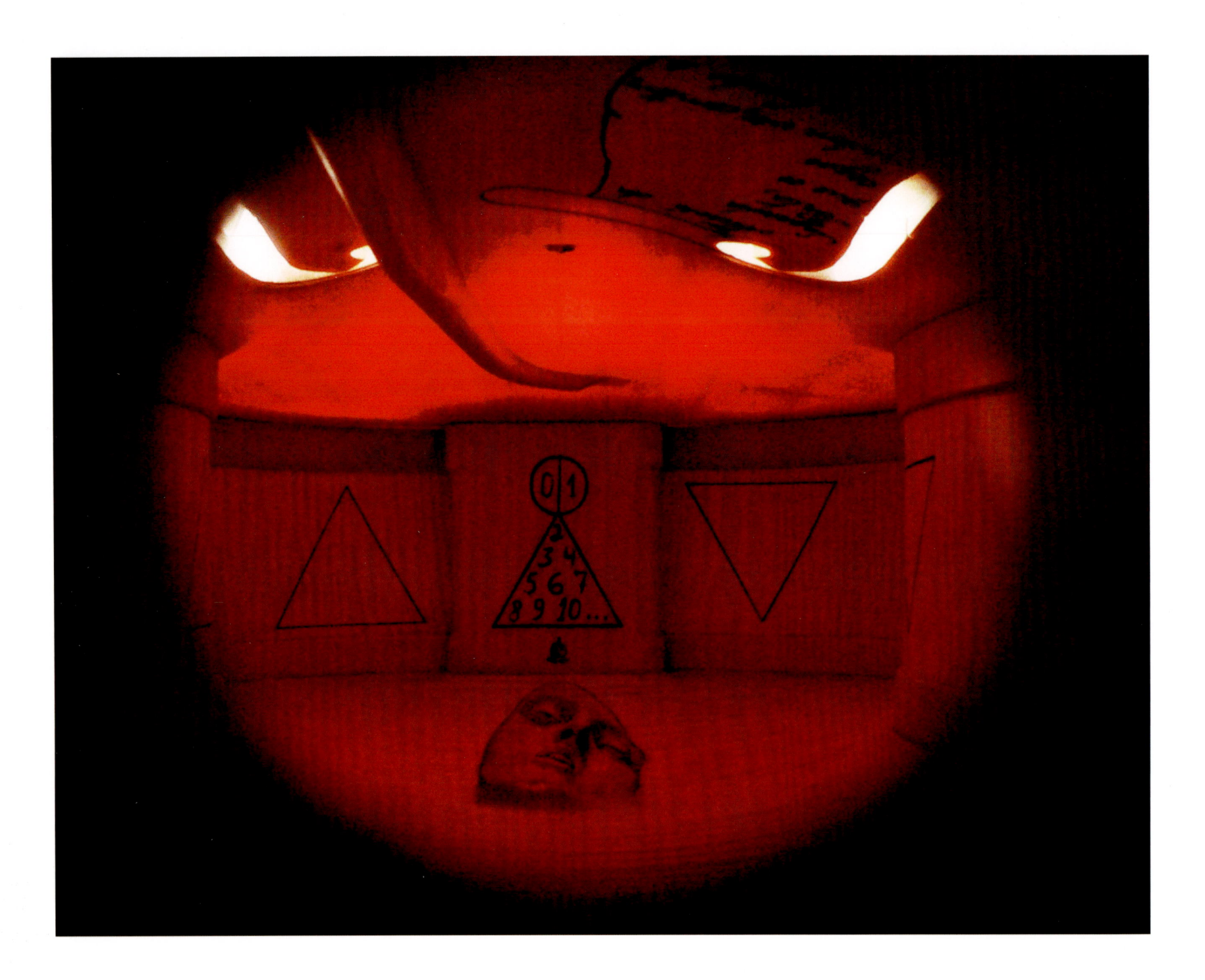

Uma nova forma de arte

ou um símbolo geométrico que signifique o masculino e o feminino, pois são dois triângulos sobrepostos, ou a união daqueles triângulos desenhados nas laterais internas.

Tudo isso está no Aleijadinho, o violoncelo. Tudo isso enriquece um trabalho que normalmente é feito só para ser ouvido. Este pode ser visto também. E tem ainda uma homenagem ao mecenas da obra: Atlante olha para um nó da madeira, mas parece que mira para fora do *cello*, para o futuro. No meio de sua pupila, preenchida com ébano, há um pouco de estanho, tradução de "zinn", em alemão. É uma sutil homenagem a André Zinn, "aquele que teve olhos para ver longe".

geometrical symbol which means masculine and feminine, since they are two overlapped triangles, or the union of those triangles designed on the internal sides.

All of this is in Aleijadinho, the cello. It enriches a piece that is usually just meant to be listened to. This one can also be seen. In addition, it contains a homage to the patron of the instrument: Atlas is looking at a wooden node, but it seems as if he is looking outside the cello, into the future. The center of his pupil is filled with ebony and some pewter. The German word for "pewter" is "zinn". It is a subtle homage to André Zinn, "the one who had eyes to see far away."

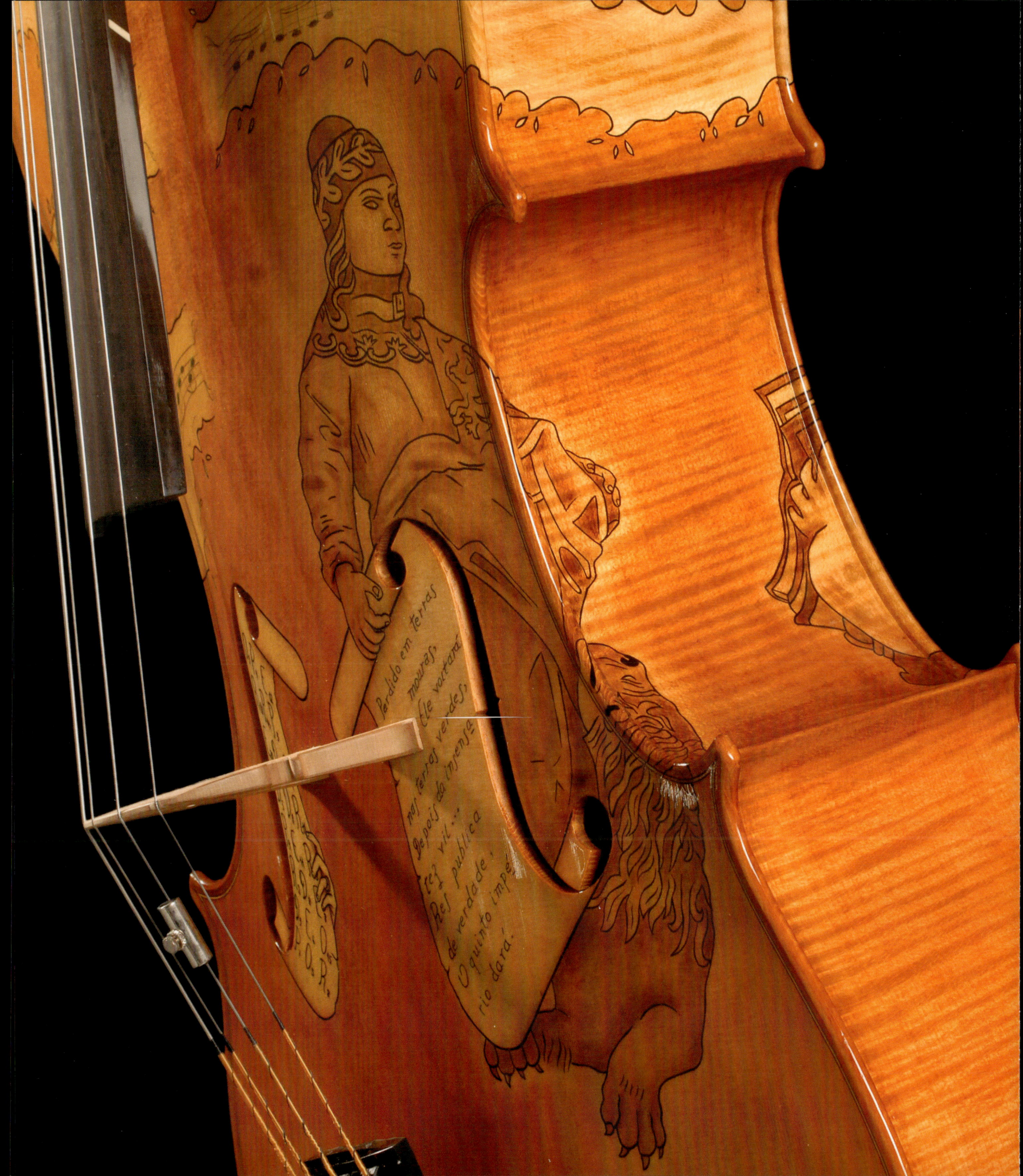

Perdido em terras
mouras,
mas terras verdes
Ele voltará
depois da (injensa)
Rej vil...
Rej publica
de verdade,
O quinto impe-
rio dara.

S.P.Q.R.

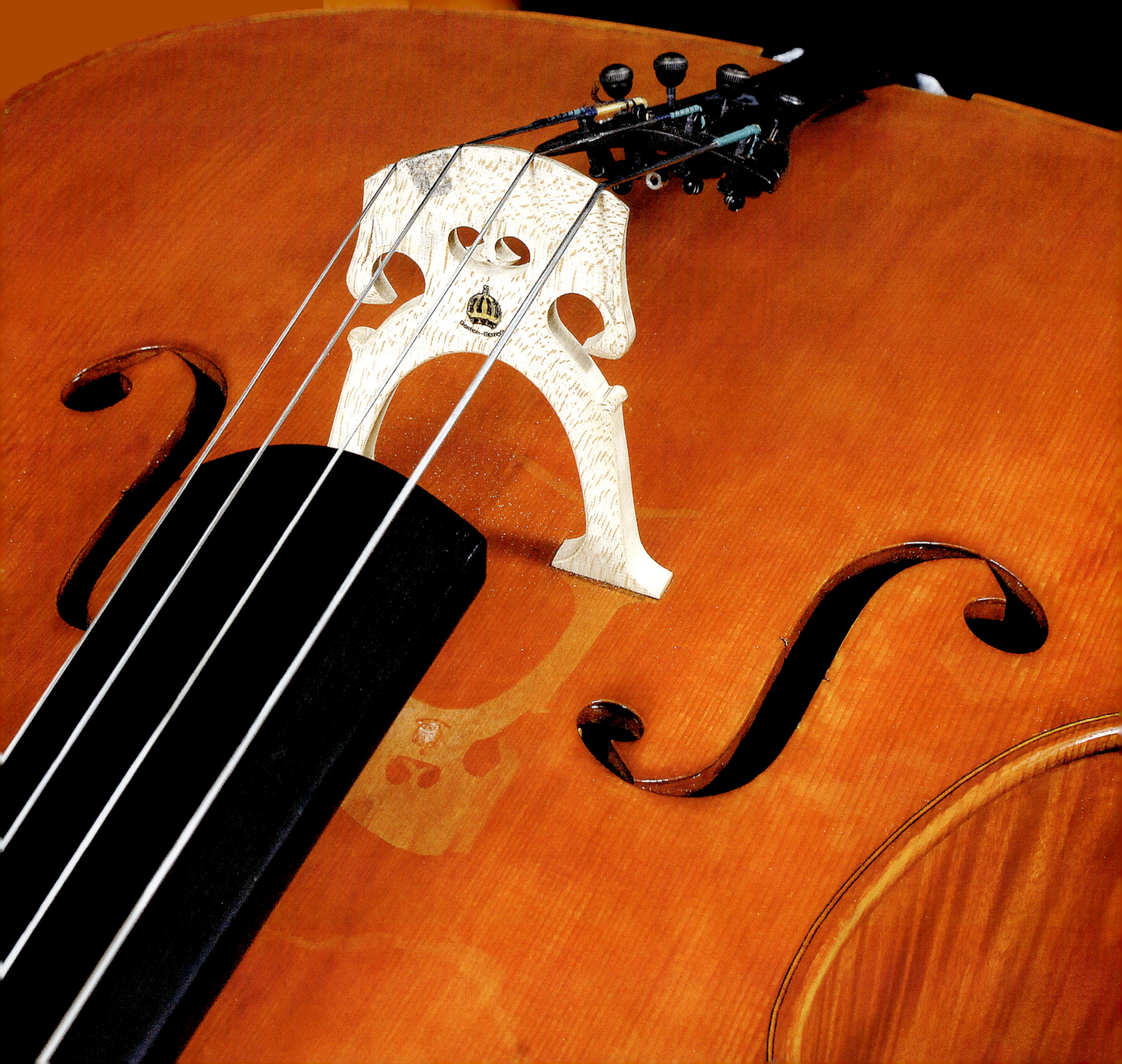

Perdido em terras
mouras,
Ele voltará
nas terras verdes,
Depois da imensa
Rei vil...
de verdade,
Rei publica
O quinto impé-
rio dará.

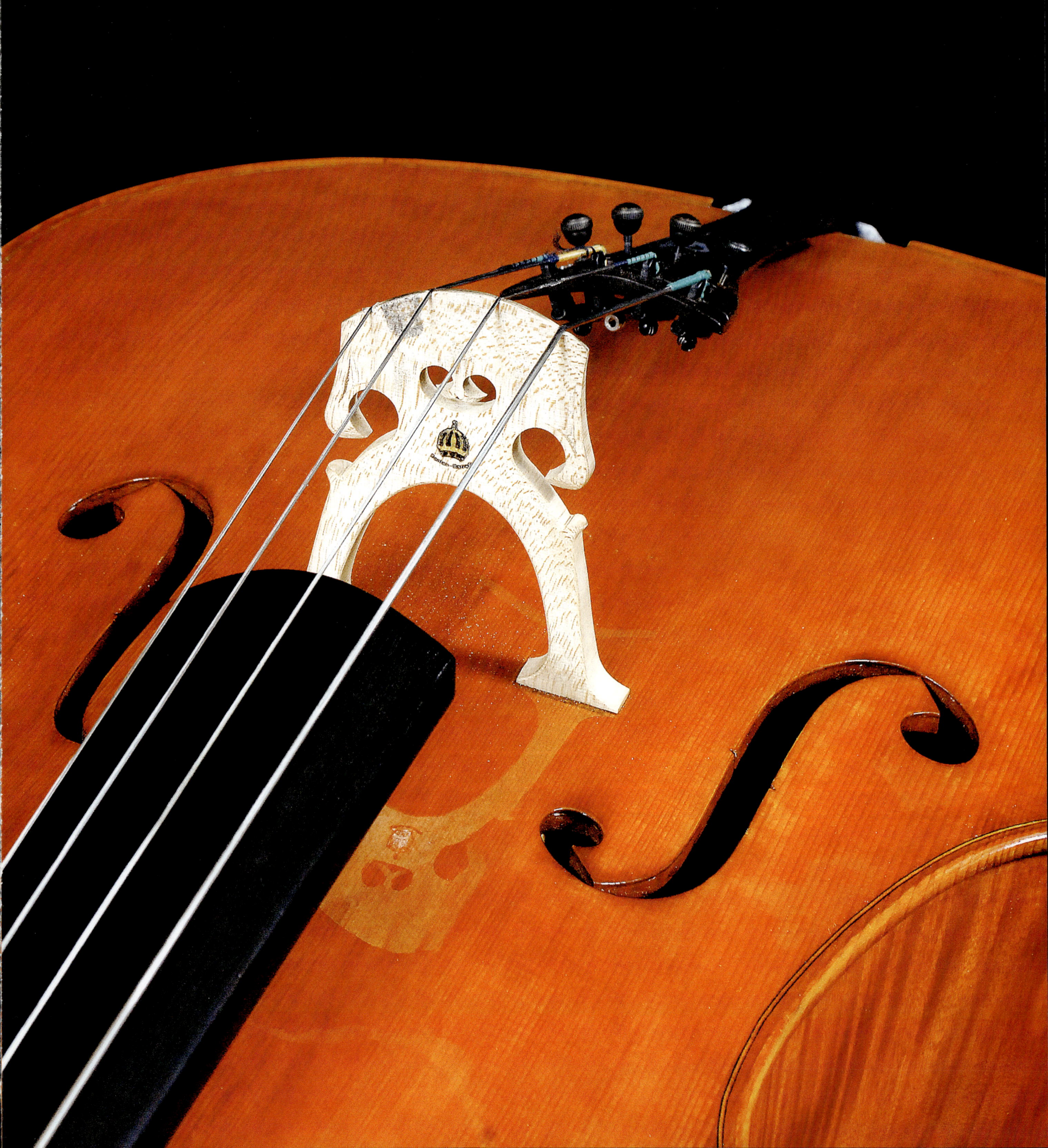

Perdido em terras
mouras,
Ele voltará
nas terras verdes,
Depois da injensa
Rej vil..
de verdade,
O quinto império
rio dara.

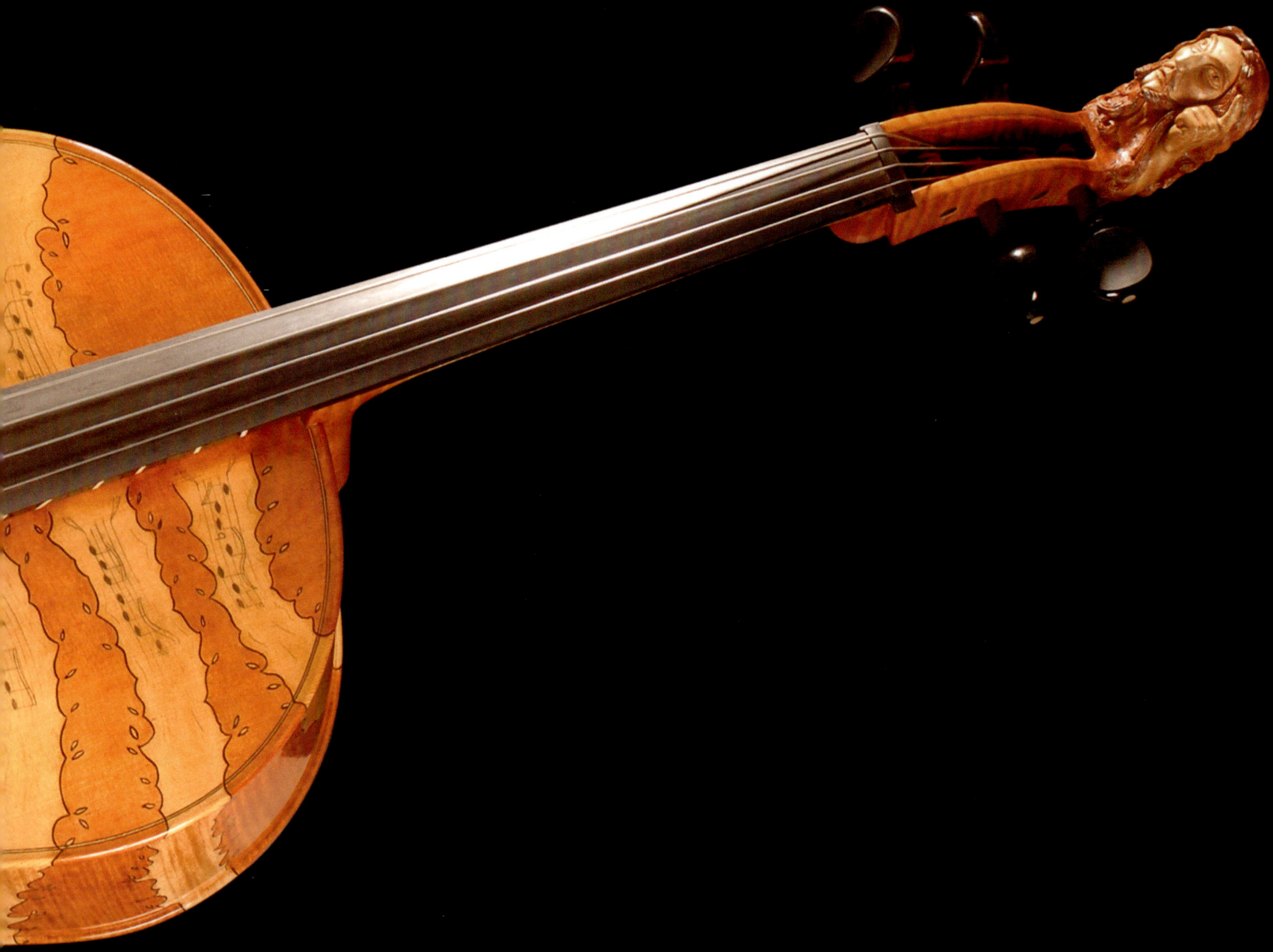

Capítulo 5
Uma rápida história do violoncelo

Chapter 5
A brief history of the cello

En la madera esta el sonido.	*The sound within the wood*
Y de las manos, pario en trabajo tus voluptuosas curvas, sinuosas	*My working hands deliver* *your voluptuous winding curves*
En dedos tensos, arcos, crines.	*From tense fingers, arches, manes*

Naciste de la voluntad
del amor absurdo,
desvelo,
del dolor grave,
taciturno
Naciste, violoncello

Y al frotar tus cuerdas por primera vez
tu sonido derrama lagrimas de
pena y alegria,
por perder las manos que
te crearonte forjaron de la tierra,
de madera y piedra
para la felicidad del que te escucha
y la infelicidad de quien te anhela.

Eduardo Mario Mederdrut

Impresiones de la primera audicion
del violoncello Aleijadinho

You were urged into birth
by profound love
sleepless nights sober pain somber
Thus you were born, Cello

And upon having your strings fingered
for the first time
your sound shed tears
of joy and sympathy
for the creator's hands no longer present
hands that forged you out of earth,
wood and stone
Fortunate are those who listen to you
and unfortunate are those
who yearn for you.

Eduardo Mario Mederdrut

Impressions of the first audition of cello
Aleijadinho

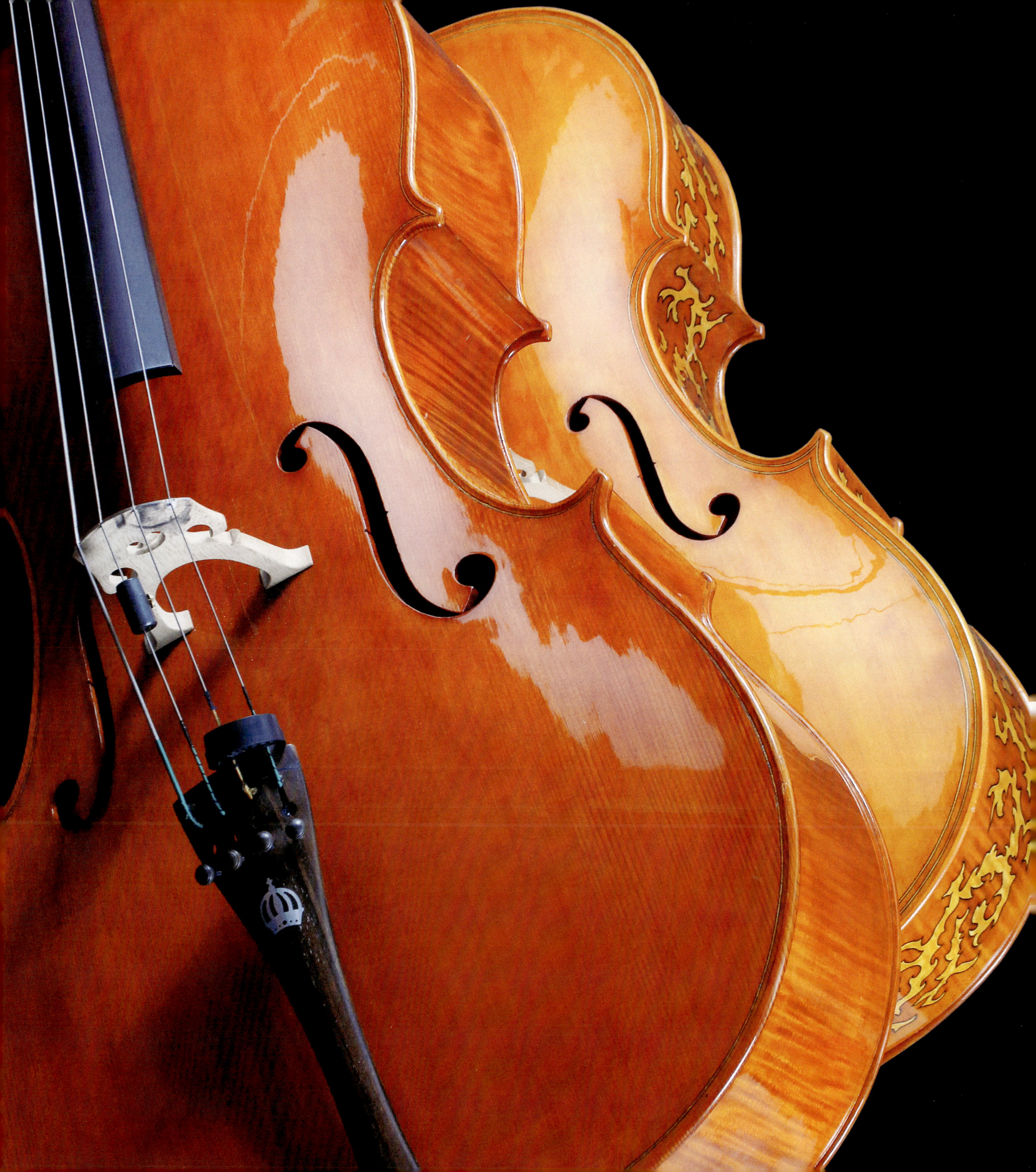

A primeira citação sobre o violoncelo apareceu em um conjunto de sonatas italianas anônimas de 1665. Os baixos de viola de braço feitos nesse período pelos italianos da Salò, Magrini e Amati já podiam ser considerados violoncelos. Mas foi Antonio Stradivari quem determinou seu padrão definitivo, com os instrumentos que fez a partir de 1680. Muitos luthiers se dedicavam à construção de violoncelos naquela época. Um dos mais respeitados foi Domenico Montagnana (1686-1750), de uma família ligada à Escola de Veneza, cujos instrumentos sobreviveram até o século 21. Também estão em uso violoncelos feitos em Nápoles, por volta de 1730, pelo luthier Alessandro Gagliano.

No princípio do século 17, o violoncelo começou a ocupar lugar de destaque nas orquestrações. Só no século 18, porém, é que apareceram algumas obras em que ele desempenhava papel solo. Não sem reações. Em 1740, Hubert Le Blanc publicou, em Amsterdã, um texto intitulado "Defesa do baixo de viola contra a usurpação do violino e as pretensões do violoncelo".

The cello was first mentioned on a set of anonymous Italian sonatas from 1665. The viola made at this time by the Italian luthiers Salò, Magrini and Amati could already be considered cellos. But it was Antonio Stradivari who determined their final shape, with the instruments he built from 1680 on. Many luthiers dedicated themselves to the making of cellos on that time. One of the most respected was Domenico Montagnana (1686-1750), from a family connected to the School of Venice, whose instruments made it through to the 21st century. There are also cellos in use that were made in Naples, circa 1730, by the luthier Alessandro Gagliano.

In the beginning of the 17th century, the cello gained a distinct place in orchestrations. It was only in the 18th century, though, that a few solo pieces for cello appeared. Not without reactions. In 1740, Hubert Le Blanc published, in Amsterdam, an article named "In defense of the viola against the usurpation of the violin and the pretense of the cello".

Não adiantou. O violoncelo abria lentamente seu espaço na história da música, indo além de seu papel inicial, que era segurar o ritmo, no baixo contínuo, e dar apoio aos instrumentos responsáveis pela trilha melódica. Durante o classicismo e o barroco, vários dos mais importantes compositores da história da música dedicaram algum trabalho ao violoncelo. Johann Sebastian Bach (1685-1750) criou as Seis suítes para violoncelo. Antonio Vivaldi (1678-1741) compôs dezenas de concertos para violoncelo. Franz Joseph Haydn (1732-1809) tem em sua obra os Concertos para cello. O compositor italiano Luigi Boccherini (1743-1805), que tocava o instrumento, determinou um novo padrão ao escrever 12 concertos para violoncelo. Ludwig van Beethoven (1770-1827) tem o maravilhoso Concerto triplo (para violino, violoncelo e piano). E não se pode deixar de mencionar o Concerto para violoncelo e orquestra de Robert Schumann (1810-1856).

Compostas no século 19, a quarta e a sexta sinfonias de Pyotr Tchaikovsky (1840-1893) e a Segunda sinfonia de Johannes Brahms (1833-1897) têm importantes solos de violoncelo. E, em 1895, o Concerto para violoncelo e orquestra de Antonín Dvorák tornou-se talvez a obra mais famosa para o instrumento.

A ressonância e a sonoridade do violoncelo combinam com o gosto contemporâneo. Como muitos instrumentos, ele reproduz a voz humana – no seu caso, especialmente a masculina. O compositor Richard Strauss recorreu a esse efeito no poema sinfônico Dom Quixote. É o violoncelo que interpreta o grito de dor de Quixote ao morrer. Em 1915, a Sonata em ré menor para violoncelo e piano de Claude Debussy mudou a cena musical do instrumento. Nessa sonata, mesmo quando não é tocado, o violoncelo está presente, pois o piano lhe prepara a entrada.

O século 20 marcou, assim, a grande mudança de perspectiva em relação a esse instrumento, que agrada a músicos e

It made no difference. The cello gradually gained its place in the history of music, going far beyond its original role, which was to hold the rhythm, on the basso continuo parts, and to support the instruments that were responsible for the melodic track. During Classicism and the Baroque, many of the most important composers of the world's musical history dedicated some of their work to the cello. Johann Sebastian Bach (1685-1750) wrote the Six Suites for Cello. Antonio Vivaldi (1678-1741) wrote dozens of concerts for cello. Franz Joseph Haydn (1732-1809) has among his works the Concerts for Cello. The Italian composer Luigi Boccherini (1743- 1805), also a cello player, set a new standard when he wrote the 12 concerts for cello. Ludwig van Beethoven (1770-1827) created the outstanding Triple Concert (for violin, cello and piano). And we could not forget to mention Robert Schumann's (1810-1856) Concert for Cello and Orchestra.

Composed on the 19th century, the fourth and the sixth symphonies, of Pyotr Tchaikovsky (1840-1893), and the Second Symphony, of Johannes Brahms (1833-1897), have important cello solos. And, in 1895, the Concert for Cello and Orchestra of Antonin Dvorak became, perhaps, the most famous work for this instrument.

The resonance and the sonority of the cello match the contemporary taste. Just as many instruments, it reproduces the human voice – in this case, specially the male voice. Composer Richard Strauss relied on this effect in the symphonic poem Don Quijote. It is the cello that plays the role of Quijote's cry of death. In 1915, the Sonata in B Minor for Cello and Piano, by Claude Debussy, changed the musical scene of the cello. In this sonata, even when it is not being played, the cello is present, because the piano sets the way for its entrance.

So, the 20th century represented a great change of perspective regarding this instrument, which pleases musicians

---

Hubert Le Blanc
Advogado e violista francês. Lamentava que no século 18 a viola estivesse perdendo prestígio. Seu ensaio em defesa do baixo de viola dá uma ampla visão do cenário musical do século 18

Was a French lawyer and violist. He regretted that the 18th century viola was losing prestige. His article defending the viola bass brings a wide view of the 18th century musical scenario.

ouvintes por causa de seu timbre especial e de sua ampla gama de sons. Em 1939, Pablo Casals gravou as seis suítes de Bach – justamente as que decoram o Aleijadinho. As peças eram, até então, consideradas apenas exercícios.

Casals foi um dos grandes intérpretes que marcaram o século. Outro a se destacar entre muitos músicos de grande talento em todo o mundo foi Mstislav Rostropovich. Pode-se dizer que esses dois foram os responsáveis por fazer o violoncelo cair cada vez mais no gosto das plateias.

Violoncelista, pianista e maestro, Rostropovich fez da arte um meio de defender as liberdades democráticas. Inspirou alguns importantes compositores do século 20, que escreveram peças especialmente para ele e seu violoncelo. Entre eles estão seus amigos Sergei Prokofiev, Dmitri Shostakovich e Alfred Schnittke. Shostakovich, por exemplo, dedicou-lhe o *Segundo concerto para violoncelo e orquestra*, com o qual o próprio Rostropovich colaborou na parte técnica da execução. Arrebatava o público ao tocar em seu Duport Stradivari de 1711.

Existem muitos tipos e origens de violoncelos. Naturalmente, os melhores são assinados pelos mais conceituados luthiers. E seu custo é alto, impraticável para muitos jovens profissionais. A inventividade de um consultor financeiro de Wall Street permitiu a vários músicos adquirir instrumentos clássicos. Eles são divididos em 12 cotas, cada uma adotada por um mecenas e representando um lote de ações. Os músicos ganham um prazo para pagar a dívida ou os investidores põem a relíquia à venda no mercado de capitais. O inglês Jamie Walton, por exemplo, passou a tocar um violoncelo Guarneri que valia em 2010 perto de US$ 2 milhões.

A esse ponto chegou a valorização do violoncelo. Se um Guarneri, um Stradivarius, um Montagnana sobreviveram por 300 anos, os instrumentos feitos pelos melhores luthiers do século 21 também devem durar séculos.

Longa vida ao Aleijadinho!

Pablo Casals (1876-1973)
Nasceu na Catalunha. Começou tocando violino e aos 11 anos descobriu o violoncelo. Deixou a Espanha por causa da ditadura franquista e se refugiou em Porto Rico, onde morreu.

Born in Catalunha. He began by playing the violin, and at eleven he discovered the cello. He left Spain on account of Franco's dictatorship and took refuge in Porto Rico, where he died.

Mstislav Rostropovich (1927-2007)
Nasceu em Baku (então União Soviética, hoje Azerbaijão). A mãe era pianista e o pai, violoncelista. As críticas ao regime soviético levaram-no a deixar seu país em 1974 e exilar-se em Paris. Mais tarde obteve a cidadania americana.

Was born in Baku (then part of the Soviet Union, today part of Azerbaijan). His mother was a pianist and his father was a cellist. He was made to leave the country in 1974 due to his criticism towards the soviet regime. He became an exile in Paris, and later obtained North American citizenship.

---

and audiences for its special timbre and its wide range of sounds. In 1939, Pablo Casals recorded Bach's Six Suites – the exact ones that decorate the Aleijadinho. The pieces were, until then, considered mere practicing exercises.

Casals was one of the greatest interpreters of the 20th century. Another distinguished musician among many talented ones wordwide was Mstislav Rostropovich. It can be said that these two were responsible for gradually making the cello a dear one of the audiences.

Cellist, pianist and conductor, Rostropovich made out of art a means to defend the democratic freedom. He inspired some of the most important composers of the 20th century who wrote special pieces for him and his cello. Among his friends there are Sergei Prokofiev, Dmitri Shostakovich and Alfred Schnittke. Shostakovich, for instance, dedicated to him the Second Concert for Cello and Orchestra, in which Rostropovich himself contributed on the technical part of the execution. He would enrapture the audience upon playing on his Duport Stradivari, from 1711.

There are cellos of many kinds and origins. Naturally, the best are signed by the most renowned luthiers. They are costly and unaffordable for many young professionals. The inventiveness of a Wall Street financial consultant allowed several musicians to acquire classical instruments. They are "split" into 12 shares, each afforded by a patron shareholder. The musicians have a deadline to pay the debt and if they can't do it the investors would then sell the relic on the stock market. English Jamie Walton, for instance, started playing on a Guarneri cello which, in 2010, was worth almost US$ 2 million.

This is how valorized the cello has become. If a Guarneri, a Stradivarius, a Montagnana have survived for 300 years, the best instruments built by 21st century luthiers should also last for centuries.

Long live Aleijadinho!